잘 살고 있는 건가 싶을 때

잘 살고 있는 건가 싶을 때

조성용 흐글 지음

북갈피

차례

먼지 같은 우리라고 해도 · 012
나만의 모양 되어 · 014
나만 힘든 하루는 아닐 것이다 · 016
별거 아니라고 하는 사람 · 018
당연시하지 않는 마음 · 020
지금도 시간은 흐른다 · 022
숲 · 023
함께 나아가고 싶은 사람 · 024
작은 성취의 중요성 · 026
세상을 밝혀주는 사람 · 028
너라는 사람 · 029
나를 재생시키는 사람 · 030
틈을 가진 사람 · 032
행복은 이렇게나 많다 · 034
이상형 · 036
옳다고 생각하는 길 · 037
상처 앞에서 의연한 사람 · 038
피어나기를 기다릴 줄 아는 것 · 040
어떤 모양이든 어떤 사람이든 · 043
내가 사랑하는 건 무엇일까 · 044
몇 초의 인생 · 046

자국 · 048
그때의 내가 후회되는 · 049
무기력 · 050
투정 · 053
단어 · 054
억누르지 말고 참아내지 말고 · 056
싱거운 말들 · 058
인연의 무서움 · 059
먼저 이해할 줄 아는 사람 · 060
이왕이면 좋은 영향을 · 062
마음이 꽉 찬 사람 · 064
사랑의 기준점 · 066
마음가짐이 전부다 · 068
바람처럼 · 070
점 · 071
관계의 지구력 · 072
사람이 지나간 자리 · 074
나는 나를 어떻게 보고 있는가 · 076
그 사람의 언어를 알아가는 것 · 078
늦은 건 없다 · 081
사랑이 최고다 · 082

계절과 함께 변하는 우리들 · 084
지난날의 문장들 · 086
발화점 · 088
잊지 못할 파리의 밤 · 091
마음을 나누는 것 · 094
비밀을 털어놓는다는 건 · 096
인생 최고의 날 · 098
어둠까지 사랑할 줄 아는 마음 · 100
바라는 삶 · 101
모든 순간이 모여 내가 되었음을 · 102
너에게 나는 · 103
언제든 괜찮아질 수 있다 · 105
관계를 대하는 마음 · 106
다 그런 거다 · 108
인연과 악연 · 109
서른의 용기 · 110
나의 의지로 나아가는 삶 · 113
비교하지 않는 것 · 114
마음을 건넬 수 있을 때 · 117
인생은 후회의 연속 · 118
마음을 두드릴 줄 아는 · 120

비슷한 결 · 121
다 지나갈 걱정이다 · 122
알 수 없이 흘러가는 삶 · 123
내 삶은 내가 조종하는 것 · 124
사랑이 지나간 자리 · 126
삶도 기계도 · 127
우연 · 128
행복을 살피는 사람 · 130
비슷비슷한 걱정 · 132
농기부여 · 133
멀어진 인연에게 · 134
선택 · 135
내가 서른이라니 · 136
내 삶의 주인이 되는 것 · 140
조금은 이기적인 마음으로 · 143
인연의 깊이 · 144
넓고 다양한 세상 · 146
영원은 원래 희박하다 · 149
여행과 인생은 한 끗 차이 · 151
충분히 의미 있는 삶이다 · 156
청춘은 선물이다 · 159

내가 남긴 사랑 · 160
고유한 빛을 가진 사람 · 162
진정한 내 편 · 162
방파제 · 163
거절할 용기 · 166
닮아가는 마음 · 168
Brooks Was Here · 170
빛을 품은 사람 · 174
실패는 멋진 흔적이다 · 176
나의 속도로 · 180
오늘은 몇 분이나 행복했나요 · 182
고마운 일은 너무나 많다 · 184
어제보다 한 걸음 더 · 186
다정함은 집중할 줄 안다는 것 · 188
고마움을 노래하자 · 190
조금은 더 따뜻한 마음 · 192
스트레스에 무너지지 않게 · 196
다 똑같지 않은 하루 · 200
해봐야만 아는 것들 · 202
나를 잃지 않으려면 · 204
사랑은 사소함을 지켜가는 일 · 206

나를 지켜낸 사람 · 210
이별의 기술 · 212
마음만은 가까이 · 216
한 번뿐인 삶 어떻게 살 것인가 · 218
한 사람이 주는 힘 · 222
이름 모를 인연 · 224
썩은 건 버려야 한다 · 226
돌다리를 건너는 그대에게 · 228
걱정은 피하는 게 아니다 · 230
부딪히며 단단해진다 · 232
사랑은 값비싸지 않다 · 236
내 곁에 남은 인연 · 238
버스를 타고 · 240
세상을 느낄 줄 아는 사람 · 244
후회 없이 내뱉는 사람 · 246
작은 행복에 집중하자 · 248
내 감정에 솔직해지는 삶 · 250
다가오는 것들을 사랑하자 · 254
변했다는 건 성장했다는 것 · 256
마음에는 맞춤법이 없다 · 258
평행 세계의 우리 · 260

잘살고 있다는 증거 · 264
신중한 만남 · 265
내 곁에 있는 좋은 사람들 · 266
사람은 입체적이다 · 267
다정한 사람이 좋다 · 268
삶의 폭풍을 함께 이겨낸 사람 · 269
내 삶을 지켜준 사람 · 270
영원을 약속하게 될 때 · 271
마음의 결 · 272
행복과 슬픔의 기억 · 273
뜨거운 순간 · 274
가재는 게 편 · 276
진정한 어른 · 277
나를 지탱해 준 인연들 · 278
낭만을 아는 사람 · 279

작가의 말

스무 살 때부터 글을 쓰기 시작해서 어느새 서른이 됐다.
시간은 10년이 흘렀고, 이 책은 나의 열 번째 책이 되었다.

처음에는 글을 쓰는 일이 그저 재밌었다.
내 마음속에 있는 것들을 꺼내는 일.
내가 쓴 글이 누군가에게 울림을 주고 위로를 준다는 사실.
그 행복에 빠져, 시간이 가는 줄도 모르고
글을 쓰고 책을 만들었다.

그런데 어느 순간 고개를 들어 주위를 둘러보니
이런 생각이 들었다.
「생각보다 멀리 와버렸네. 나 잘 살아가고 있는 거 맞나?」

살아가다 보면 종종 이런 생각에 휩싸일 때가 많다.
그동안 잘 살아왔다고 생각했는데 갑자기 잘못된 것 같을 때.
잘 나아가고 있었는데 갑자기 방향을 잃어버린 것 같을 때.

나 또한 예외는 아니었고, 어떻게든 괜찮아지려 발버둥 쳤었지만
그럴수록 오히려 바닥으로 가라앉는 듯한 느낌이 들었다.

그럴 때마다 나는 펜을 들었다.
내 마음속에 있는 것들을 솔직하게 써 내려갔다.
잘 살고 있는 건지, 내가 가는 이 길이 맞는 건지 알 수 없었지만
고민과 두려움, 떠다니는 생각들을 있는 그대로 마주하고
글로 풀어내다 보니까 훗날 그것이 나를 다시 붙잡아주었다.

이 책은 그런 나의 고민과 성찰을 담은 글들을 모은 것이다.
잘 살고 있는 건지 헷갈릴 때, 방향을 잃어버린 것 같을 때.
그런 순간마다 자신만의 해답을 찾아가는 과정.
그 여정이 고스란히 담겨 있다.

인생은 완벽할 수 없다. 늘 의문과 고민이 따르기 마련이다.
하지만 그런 끊임없는 질문 속에서 우리는 성장한다.

스스로에게 물음을 던지고, 내면과 대화하는 시간.
그것이 우리를 앞으로 나아가게 하는 원동력이 된다.

나 역시 아직 가야 할 길이 멀다.
앞으로도 수없이 넘어지고 방황할 것이다.
하지만 그럴 때마다 나는 이 책을 다시 펼쳐볼 것이다.
가장 힘든 순간을 이겨낼 수 있게 해준 문장들.
그것이 나를 버티게 해줄 테니까.

이 책을 통해서 방황하는 누군가에게
작은 위로와 깨달음을 줄 수 있기를.
그리고 그들 스스로 앞으로 나아갈 힘을 얻을 수 있기를.
진심으로 바라본다.

잘 살고 있는 건가 싶은 당신에게.
잘 살고 있는 거라 말해주고 싶다.

사랑도, 관계도, 꿈도, 행복도
잃어버리지 않고 지켜낼 줄 아는 당신이 되기를.

먼지 같은
우리라고 해도

보이저 1호가 60억 km 밖에서 지구를 향해 카메라를 돌려 찍은 사진에는 미세한 점 하나가 찍혀있다. 사진에서 고작 0.12픽셀 크기의 점 하나, 그게 지구란다. 평생을 살아도, 아니 두세 번을 더 살아도 지구의 모든 곳을 가보지는 못할 텐데, 그 먼지 같은 지구 속 먼지 같은 땅덩어리 어딘가에 살고 있는 나는 얼마나 작은 존재인 걸까.

우리는 종종 자신이 세상의 중심인 양 살아간다. 내 고민과 걱정, 그리고 아픔이 세상에서 가장 큰 문제인 듯 여기곤 한다. 객관적으로 보면 나는 이 우주에서 미미한 존재에 불과하지만, 내 안의 작은 문제들이 마치 우주적인 사건인 것처럼 느껴지기도 한다.

하지만 이따금 내가 광활한 우주 속 먼지 같은 존재라는 사실을 되새기는 것도 필요하다. 내 삶의 무게와 고민을 상대적인 관점에서 바라보면, 어느새 내 걱정거리들이 조금은 작아지는 걸 느낄 수 있기 때문이다.

우리는 모두 작은 존재일지 모른다. 하지만 보잘것없는 존재는 아니다. 작은 존재들이 모여 거대한 세상을 만들어가듯, 우리 개개인의 삶이 모여 이 세상을 빛나게 한다.

끝없이 펼쳐진 우주 안에서 반짝이는 한 점. 우리는 그런 존재다. 작지만 찬란하게 빛나는, 미약해 보이지만 눈부신 존재. 인생을 너무 크고 거창하게만 바라보지 말자.

나만의
모양 되어

살다 보면, 우리의 삶은 때때로 예상치 못한 방향으로 흐른다

무난하게 정사각형을 그리고 있다가도
한순간에 이상한 곳으로 선이 뻗어나간다

청춘은 바로 그 순간 시작된다
무난하게 정사각형이 될 줄 알았지만
한순간 뻗어나간 선으로 무엇이 될지 모르는 그때

다시 선을 이어가야 하는데
나는 무슨 도형이 될 수 있나
무슨 모양이 될 수 있나

무엇이 되려고 애쓰는 것보다는
있는 힘껏 나를 구부려
다시 정사각형이 되려고 애쓰진 않았나

반듯하지 않더라도
나만의 모양 되어 굳어가고 싶다
시간을 구부리지도 않고
마음을 쥐어짜지도 않고

나만 힘든 하루는
아닐 것이다

가끔 우리는 지금 겪고 있는 순간이 누군가에게는 처음일 수 있다는 걸 잊곤 한다. 내게는 익숙한 세상이지만, 누군가에겐 모든 것이 낯설고 경이로운 세상. 지금 내게 설렘 가득한 이 순간이 누군가에겐 익숙함에 묻혀 희미해진 추억일지도 모르는 일.

나는 어제 힘들었고, 오늘 아끼던 가방을 잃어버렸다고 해도 어쩌면 나와 같은 사람이 오늘만 해도 수천 명은 있을 거고 내일도 있을 것이다. 나만 힘든 줄 알았던 하루도, 사실은 수많은 이들이 매일 겪는 일상의 한 부분일 뿐. 내가 고민하고 좌절했던 순간에도, 나와 같은 마음으로 하루를 보내는 누군가가 있다는 사실. 그 속에서 묘한 위안을 얻는다.

이 순간 느끼는 외로움과 답답함도 사실 나만의 것은 아닐 거라는 깨달음. 내가 웃을 때나 울 때 그 감정을 함께 지니고 살아가는 누군가가 세상 어딘가에도 있을 거라는 동질감. 유난히 힘든 오늘이라 해도, 누구나 겪는 순간임을 잊지 말자.

어딘가에선 나처럼 삶 앞에서 두려워하는 이가 있고, 손을 놓고 싶어 하는 이가 있을 테니. 기억하자. 우리는 결코 혼자가 아니라는 걸. 나만 힘든 하루가 아니라는 걸.

별거 아니라고
하는 사람

가끔 보면, 신기할 정도로 주변을 잘 챙기는 사람이 있다. 생일은 기본이고, 축하와 위로가 필요한 순간이나, 술잔을 부딪쳐줄 친구가 필요한 순간에 빠지지 않고 나타난다. 나는 내 몸 하나 건사하기도 힘든데, 그 많은 사람을 어떻게 다 챙길 수 있는지 신기해서 어떻게 그럴 수 있냐고 물었더니 돌아오는 대답은 "별거 아닌데 뭐."였다.

생각해 보니 이 사람은 언제나 이런 식이었다. 우울한 감정이 턱 밑까지 차올라서 누군가가 절실한 순간, 나의 부름에 한걸음에 달려와 주었을 때도, 나를 챙기는 것도 모자라 내 가족의 경조사에 마음을 보냈을 때도 '별거 아니다, 대단한 거 아니다.'라는 말로 물러섰다. 하지만 나는 처음부터 알고 있었다. 이건 전혀 별거 아닌 일이 아니라고.

그 사람은 지나가는 길에 툭, 생각날 때 툭 하고 던져준 마음이겠지만 그 툭 하고 챙겨준 마음에, 나는 삶을 포기하고 싶었던 순간에서 벗어날 수 있었고, 혼자가 아니라는 안도감에 숨을 내쉴 수 있었다. 나는 다짐했다. 적어도 그 마음만은 평생 잊지 말아야겠다고.

내 곁에 있는 '별거 아니라고' 말하는 사람들에게, 그들이 도움이 필요할 때, 축하와 위로가 필요할 때 그들이 툭툭 던져준 마음을 잘 모아 두었다가 되돌려줘야겠다.

그 마음이 쌓여 산이 되고 바다가 될 만큼 거대해졌다고,
당신은 그만큼 좋은 사람이라고 말해 줘야겠다.

당연시하지
않는 마음

전 직장에서 함께 일하던 사람은 매일 도시락을 싸 왔다. 반찬 가짓수는 적었지만, 하나하나 정갈했고, 그 종류도 날마다 달랐다. 어떻게 매번 도시락을 싸 오는 거냐 물었더니, 아침마다 아내가 챙겨준다고 했다. 참 정성이구나 싶으면서도, 어떻게 그게 가능할까 궁금했는데, 어느 날 직장 앞에 꽃을 가득 실은 트럭이 왔을 때 알게 됐다. 그게 가능했던 이유.

점심시간이 끝나갈 무렵, 그가 꽃을 품에 안고 돌아왔다.
내가 물었다. 「웬 꽃이에요?」
그가 대답했다. 「아내한테 주려고요.」
의아한 표정으로 내가 물었다. 「혹시 기념일이에요?」

그러자 고개를 저으며 하는 말.
「아니요, 아무런 날도 아니에요. 그냥 생각나서요.」

그랬다. 그들의 사랑이 톱니바퀴처럼 잘 맞물려 돌아가는 이유.

그건 행복을 나눌 줄 알았기 때문이었다.

그는 그냥 생각나서 꽃을 샀다고 했지만, 매일 도시락통에 정갈하게 담겨있는 음식을 볼 때마다 생각했으리라. 이 행복을 아내에게도 되돌려주고 싶다고.

그들의 사랑은 앞으로도 계속 어여쁠 것이다. 서로의 마음을 당연하게 여기지 않으므로. 서로에게 사랑을 전하는 그들만의 방식이 있으므로. 사랑은 불가능한 것들을 가능케 하지만, 사랑을 당연하게 여기지 않을 때, 그 가능성은 비로소 지속된다.

작은 순간마다 서로의 행복을 빌어주고 나누는 것. 그렇게 쌓인 따뜻한 마음들이, 세월이 흘러도 변치 않는 사랑을 만드는 비결일지도 모른다. 사랑은 화려하거나 거창할 필요는 없다. 소소한 일상을 채우는 진심 어린 사랑. 어쩌면 그것이 가장 영원할 수 있는 사랑의 형태가 아닐까.

지금도
시간은 흐른다

지금, 이 순간에도 시간은 속절없이 흘러가고 있다. 삶이 힘들다고 말하면서도 가만히 멈춰 서 있고, 괴로운 현실을 마주하면서도 그것을 인정하지 않으려는 지금도, 시간은 아무런 의미 없이 흘러가고 있다. 시간은 붙잡지 않으면, 눈 깜빡할 사이 저 멀리 사라져 버린다.

시간을 붙잡아 의미 있게 쓸 것인가, 아니면 놓치고 나서 후회할 것인가. 삶은 너무나도 순식간에 지나가 버리고, 의미 없이 흘려보낸 시간도 너무 많다. 지금이라도 늦지 않았으니, 앞으로 달려 나가자. 나를 괴롭게 하는 것들로부터 멀어지자. 내가 바라보고 나아가야 할 곳은 걱정이나 후회가 아닌, 오직 희망이다.

숲

사람과 사람은 일정한 간격이 있어야 한대.
너무 멀지도, 가깝지도 않은 정도.
너무 외롭지도, 너무 친밀하지도 않은 그 사이.

숲속의 나무들처럼 적당히 떨어져 있어야
더 오랜 시간 볼 수 있는 거래.

나는 얼마나 더 많은 만남과
얼마나 무수한 이별을 겪어야 그 적당한 간격을 알게 될까.

너와 나 사이의 간격은
얼마나 멀었고, 또 가까웠으며, 깊었던 걸까.

우린 숲이 될 수 있었을까.

함께 나아가고
싶은 사람

나는 지금껏 많은 사람과 여행을 떠났다. 그중에는 가족은 물론이고, 친구, 연인도 있었다. 이렇게 다양한 사람과 여행을 떠나보면 몇 가지 알게 되는 것이 있다. 이 세상에는 정말 다양한 성격을 가진 사람이 있다는 것과, 나와 잘 맞는 사람이 누구인지 알 수 있다는 것이다.

여행은 함께 떠나온 사람과 적절한 관계를 유지하기 위해서 애써야 한다. 혼자 떠나온 여행이라면 힘들 때 쉬고, 가고 싶을 때 가고, 가고 싶은 곳만 다니면 되지만 함께하는 여행은 그렇지 않다. 때로는 내가 즐겁지 않아도 즐거운 척을 해야 할 때가 있고, 가고 싶지 않은 곳이어도 가야 할 때가 있다. 혼자가 아니기 때문에, 나만 즐거운 여행이 되면 안 된다. 균형을 잘 잡아야 한다. 나도 즐겁고, 동행인도 즐거울 수 있도록.

돌이켜보면, 내 인생에서 가장 괴로웠던 여행은 비관적인 사람과의 여행이었던 것 같다. 사소한 것 하나하나에 불평하고, 똑같은 걸 봐도 좋지 않은 점만 찾아내는 사람. 예기치 못한 상황이 찾아왔을 때나, 곤란한 상황에 놓였을 때 회피하고 좌절하기만 하는 사람. 간혹 먹구름이라도 끼는 날이면, 괜히 눈치를 보고 나까지 마음이 답답해졌다.

그러나 낙관적인 사람과의 여행은 그 반대였다. 어떤 상황에서도 즐거움을 찾아내고, 똑같은 어려움 속에서도 좋아질 부분을 생각했다. 비가 와도 웃으며, 낭만을 찾았다.

만약 내가 삶을 함께 나아가고 싶은 사람 한 명을 골라야 한다면 낙관적인 사람을 택할 것 같다. 다만 생각만 하는 사람이 아니라, 태도를 갖춘 사람. 무작정 잘될 거라는 생각만 하는 사람이 아니라 정말로 되도록 몸과 마음을 움직여내는 사람.

그런 사람과는 여행은 물론 즐겁고, 어떤 삶도 헤쳐나갈 용기가 생길 것 같다. 오래 보고 싶고, 곁에 두고 싶을 것 같다.

작은 성취의
중요성

우리는 종종 작은 성취를 대수롭지 않게 여기곤 한다. 하지만 그 작은 승리들이야말로 우리 인생에서 가장 값진 것이다.

아침에 일어나 씻고 밥을 먹는 그 평범한 일상조차도, 누군가에겐 큰 도전일 수 있다. 지하철에 몸을 싣고, 붐비는 출근길을 견디는 것. 사람들 앞에서 자신의 의견을 말하는 것. 좌절 속에서도 다시 일어서는 것. 이 모든 성취를 보잘것없다고 생각하면 안 된다.

세상에 내놓기엔 부끄럽고, 작아 보이는 그 순간들이 사실은 우리를 한 뼘 더 성장시키는 원동력이다. 우리 각자가 이겨내야 할 싸움, 그 싸움에서 이기는 것만으로도 충분히 축하받을 일이고 자랑스러워해야 할 일.

남들이 알아주든, 말든 스스로 잘했다고 말해줄 수 있어야 한다. 충분히 잘했고, 당신은 근사했다는 사실. 그렇게 계속 작은 성취를 이어 나갈 수 있었으면 좋겠다.

세상을
밝혀주는 사람

세상 곳곳에는 작은 아름다움이 많다. 당연하게 흘러가는 것 같은 세상이라도 자세히 보면 그게 다 수고로운 일이었다는 걸 알게 된다. 집에 쌓인 쓰레기를 정리해 밖으로 내놓는 사람. 밤낮으로 그 쓰레기를 치우러 다니는 사람들. 아침이 되면 횡단보도 앞에서 노란색 조끼를 입고 안내해 주시는 어르신들. 웃으며 감사 인사를 건네는 아이들. 하루의 첫 열차와 마지막 열차를 운행하는 사람들. 또 그 열차에 타서 세상 곳곳으로 흩어져 아름다움이 되는 사람들.

세상을 둘러보면 감사할 일은 너무나도 많고, 쓸모없는 건 없다. 나 같은 건 왜 그럴까 하며, 답답한 마음에 공원을 걷는 내 모습조차도 누군가의 스케치 속 풍경이 될 수 있듯이. 딱 이 정도의 사람이 되고 싶다고 생각한다. 세상 속 작은 아름다움을 만들어내는 사람. 내가 하는 일에 자부심을 느끼는 사람. 세상이 아름다운 건 각자의 위치에서 알게 모르게 빛나고 있는 사람들 덕분이고, 나 또한 그중 한 명이라는 걸 잊지 말자.

너라는
사람

새삼 신기하지 않아? 이토록 거대한 세상 속에서, 하필 우리가 같은 시간, 같은 공간에 놓여 맞닿았다는 게. 그렇게 이어진 인연이 지금까지 이어져 왔다는 게. 문득 궁금해져. 우리는 처음부터 이어질 인연이었던 걸까. 아니면 우연을 등에 업고 서로에게 쏟아졌던 걸까. 그건 끝내 알 수 없겠지만 너에게 닿을 수 있어서 참 다행이었다고 말하고 싶다. 너라는 사람을 겪기로 결심한 건, 내가 가장 잘한 선택이었다고 말해주고 싶다.

나를
재생시키는 사람

마음이 힘든 날이면 사카모토 류이치의 음악을 들었다. 내게 그의 음악은 손목에 있는 맥박과도 같았다. 내가 살아있는 게 맞는 걸까 싶을 때, 우울한 마음에 내가 시들어버린 것 같을 때 쿵쿵거리며 내가 살아있음을 느끼게 해줬다.

살다 보면 그런 사람들이 있다. 정지된 나를 움직이게 하는 사람. 숨이 멎은 내게 숨을 불어넣어 주는 사람. 텅 비어버린 사람이 된 것 같은 내게 무언가를 채워주는 사람. 내가 힘들 때 필연처럼 등장해 인연이 되어준 이들.

내 삶을 스쳐 가는 사람은 많았고, 앞으로도 많을 테지만 그들만큼은 절대 소홀히 대해서는 안 된다. 내가 행복할 때, 인생이 잘 풀릴 때 함께 나아가주는 사람은 많지만 멈춘 나를 움직이게 하고 살아가게 하는 사람은 정말 몇 없다.

그들을 잃는다면 무너졌을 때 다시 일어서지 못할 수도 있다.

적어도 그들만큼은 지키겠다는 마음으로 살아내야 한다. 그들 덕분에 이겨낸 기억을 떠올리며, 감사한 마음으로 더 나아가야 한다. 나를 위해 애써준 사람에게 당장 보답할 수 있는 최소한의 방법은 그뿐이다. 고마운 마음을 잊지 않는 것, 그리고 계속해서 나아가는 것.

더 큰 보답은 시간이 조금 걸려도 괜찮을 것이다. 충분히 이해해 줄 것이다. 무너질 뻔할 때 무너지지 않고 계속 나아가는 것만으로도 그들은 충분히 만족할 것이다. 애초에 그들은 다른 걸 바라고 내게 힘을 건네준 것이 아니니까. 난 그 마음을 등에 업고 나아가면 된다.

멈추지 않고 내가 가려는 길로.

틈을
가진 사람

어렸을 때 나는 놀이터에 가는 시간을 참 좋아했다. 내게 놀이터가 주는 의미는 단순히 재미있는 곳이 아니라 일상 속 돌파구였다. 친구들이 있고 언제나 떠들썩한 곳. 정신없이 놀다 보면 어느새 밤이 찾아오는 곳. 그곳에 있으면 걱정은 대부분 잊혔고 나머지는 흩어졌다.

이제는 어른이 되어버린 나지만, 종종 그때의 놀이터를 떠올린다. 반복된 일상 속 유일한 즐거움을 느끼게 해주었던 곳. 어른에게도 놀이터가 있어야 한다. 길게 펼쳐진 인생, 지루한 일상에서 마음을 내려놓고 쉴 수 있는 장소. 하루 일정량의 웃음을 지을 수 있는 곳. 자신만의 놀이터가 없는 사람은 회색빛이 돈다. 생기 없는 사람은 금방 시들어버린다.

어디든 좋으니 나를 웃게 만드는 장소로 보내야 한다. 잡생각이 사라지는 곳, 마음이 정돈되는 곳. 공원이어도 좋고, 헬스장이어도 좋고, 컴퓨터 속 게임 세상이라도 좋다. 숨 막힐 것 같은 하루,

숨 쉴 수 있는 작은 틈만 낼 수 있다면 그걸로 충분하다.
틈 없이 살아가는 사람은 금방 고장 난다.
놀이터가 없는 아이처럼 우울해진다.

지치지 않고 살아가는 비결은
엄청난 행복이나 축적된 부가 아니다.
바로 아주 작은 틈, 그게 우리를 살게 만든다.

행복은
이렇게나 많다

행복은 모든 조건이 완벽할 때 찾아오는 것이 아니라, 살아가는 모든 순간에 이미 존재하고 있습니다.

예를 들면, 아침 출근길 하늘은 맑고 가로수에는 햇빛이 비칠 때, 적당히 선선하고, 기분 좋은 바람이 불어올 때, 때마침 도착한 버스에 운 좋게 앉을 자리가 있을 때, 좋은 사람과 실없는 농담을 하며 웃을 때, 귀여운 강아지를 봤을 때, 거리에 핀 꽃들이 예쁘다고 느껴질 때, 빵 냄새가 흘러나오는 카페 앞을 지날 때, 무작위로 재생되는 노래가 이상할 정도로 계속해서 마음에 들 때.

이런 것들이 행복입니다. 좋은 집, 좋은 차, 좋은 직장을 가져야만 느낄 수 있는 게 아니라. 바람처럼 훅 불어와 내 마음을 감싸주는 것들, 세상 속에 흔히 존재하는 것들, 나의 하루를 은은하게 채워주는 것들. 그 속에서 행복을 느낄 수 있음을.

행복을 어렵게 생각하지 말고, 어렵게 찾으려고 하지 않기를.

조금만 고개를 들어, 주변을 둘러보면 이렇게나 많은 행복이 있었구나 깨닫게 될 테니까.

이상형

올곧게 자란 사람을 좋아한다. 말에 가시가 없는 사람, 가끔은 실없이 웃을 줄 아는 사람, 몸에 밴 다정함과, 부드러운 말투로 관계를 대하는 사람. 갈등은 관계를 망치는 일이 아니라, 관계를 더 좋아지게 할 방법을 알려주는 과정이라고 생각하는 사람. 무엇보다 관계를 가벼이 생각하지 않고, 온 마음을 쏟을 줄 아는 사람.

옳다고
생각하는 길

세상을 살아갈수록 더욱 깨닫게 되는 것은 삶에는 정답이 없다는 것이다. 어떤 길을 택하든, 어떤 선택을 하든 그것이 옳았는지는 시간이 흐른 뒤에야 알 수 있다. 우리는 결코 정답을 미리 알 수 없으며 가보기 전에는 어떤 길이 맞는 길인지 알 수 없다. 그렇다면 우리는 어디로 향해야 할까. 어떤 선택을 내려야 할까.

어쩌면 우리는 스스로 옳다고 생각하는 것을 고르고, 옳다고 믿는 길을 가야 할지도 모른다. 내키지 않는 길을 갔다가 이 길이 아닌 것 같아 후회하는 것보다는 내 마음이 원하는 길로 갔다가, 되돌아오는 것이 낫지 않을까.

우리는 정답을 고를 수는 없지만, 매 순간 내가 옳다고 생각하는 것을 따를 수는 있다. 그건 후회라는 오답을 남기지 않는 유일한 길이며, 언제든 갈 수 있는 확실한 길이다. 조금 돌아가도 괜찮으니 내가 옳다고 생각하는 곳으로 나아가고 싶다. 어차피 맞는 길만 고를 수 없는 인생이라면, 그 방식이 낫다.

상처 앞에서
의연한 사람

전에는 누군가 내게 작은 태풍을 만들어 보내면 나도 똑같이 태풍을 만들어 그 사람에게 보내곤 했다. 내가 받은 괴로움만큼 똑같이 되돌려주는 건 악의가 아니니 괜찮다고 생각했다. 오히려 더 나은 사람이라고 생각하기도 했다. 괘씸한 마음에 더 큰 태풍을 만들어 보내지 않았으니까. 받은 만큼만 돌려주었으니까. 나는 더 괜찮은 사람이야. 나는 더 좋은 사람이야. 나 자신을 포장하며 살아갔다.

그런데 시간이 지날수록 이상하게 마음 한구석이 후련해지기는커녕 더 갑갑해지는 게 아닌가. 내가 먼저 태풍을 만들어 보낸 것도 아니고 누군가 내게 보낸 태풍을 되돌려보낸 것뿐인데도 마음은 편해지지 않았다. 그러다 문득 한가지 생각이 머리를 스쳤다. 어쩌면 나는 받은 상처를 되돌려주면서 오히려 내 손에 상처를 내는 건 아니었을까.

[먼저 상처 주지 않으면 괜찮아. 받은 만큼만 되돌려주면 괜찮아.]

그렇게 생각하며 살아왔는데 태풍을 만들어 보낼 때 내 마음이 또 한 번 휩쓸린다는 걸 망각했던 거다.

이제는 누군가 내게 일방적으로 상처를 줘도 똑같이 되돌려주지 않는다. 그냥 어떻게든 벽 뒤에 숨어 잠잠해지기를 기다리거나 내 안에서 부는 바람으로 버텨내고 있다. 이게 정답은 아닐지도 모른다. 누군가는 손에 상처를 내면서까지 똑같이 되돌려주는 게 더 좋다고 생각할 수도 있지만, 내 마음이 더 괜찮아지는 길은 이 길뿐이다. 잠깐 흔들리고 서럽겠지만 굴복하지 않고 이겨내 보는 것, 똑같은 사람이 되지 않고 단단한 사람이 되는 것, 나를 집어삼킬 만한 태풍이 다가와도 요동치지 않을 튼튼한 마음을 갖는 것.

그러다 보면 언젠가는 상처를 가볍게 흘려보내는 날도 오지 않을까. 누군가 이유 모를 태풍을 만들어 보내도 흔들리지 않는 사람이 되어야겠다. 어떤 상처도 나를 흔들리게 할 수 없도록.

피어나기를
기다릴 줄 아는 것

예전의 나는 사랑을 자주 찾으러 다녔다. 마치 형사가 된 것처럼 누군가의 마음을 수사하듯 들춰내고, 단서를 찾았다. 나를 향한 마음이 조금이라도 발견되면 금세 사랑이 시작될 거라 믿었다.

나는 서두르고 서툴렀다. 자꾸만 눈앞에서 사랑을 놓쳤다. 나를 위해 걸어오던 사람도 갑자기 등을 돌려 돌아가고, 내게 마음이 있다고 확신한 사람과도 잘 안됐다.

좀처럼 사랑에 가까워질 수 없는 이유가 뭘까.
곰곰이 생각해 본 끝에, 나는 한 가지를 깨달았다.
[나는 한 번도 사랑을 기다려본 적이 없구나.]

그동안 나는 누군가를 좋아하게 되면 어떻게 다가갈지 방법을 생각했고, 어떻게 내 마음을 표현할지 고민했고, 그 사람도 내 마음과 같은지 확인하고 싶어 했다. 나는 사랑을 쫓아다닌다고 생각했는데, 알고 보니 사랑을 쫓아내고 있었던 거다.

사랑이 피어날 시간은 기다릴 줄 알아야 했는데 싹 하나 틔웠다고, 내가 너무 성급했던 건 아니었을까. 뒤돌아보면 생각나는 사람들, 아쉽게 이어지지 못했다고 생각한 인연들. 그들과 잘 안됐던 원인이 나였을 수도 있겠구나. 사랑을 찾아내려고 애썼던 내 모든 행동이, 오히려 사랑을 숨게 했구나.

사랑을 찾아 헤매는 것이 해답이라고 생각한 내 마음이 부끄러워졌다. 사랑은 찾아내면 그만인 것이 아니라 사랑이 되기를 기다릴 수 있어야 했는데, 사랑이 오기를 기다릴 줄 알아야 했는데 나는 꽤 긴 시간을 그러지 못했다.

자꾸만 사랑이 눈앞에서 도망가는 것 같다면, 사랑을 찾아 헤맸지만 단 한 번도 사랑을 마음으로 느껴본 적이 없다면 사랑을 기다려본 적이 있는지 생각해 보자. 따로 찾아내지 않아도 어느새 내게로 걸어오는 것이 사랑이니까. 기분 좋은 향기에 이끌리듯 좋은 마음을 가진 사람에게 사랑은 알아서 찾아오니까.

어떤 모양이든
어떤 사람이든

관계에서 기대할수록 관계는 망가지기 쉬워진다. 기대하는 마음은 내가 원하는 모습을 상대가 보여주기를 바라는 마음. 기대 없이 살아가면서, 다가오는 행복과 슬픔을 온전히 마주하는 편이 더 좋다. 관계란 그렇게 맞춰가는 것이고 그렇게 적응해야 하는 일이니까. 한 사람을 온전히 바라볼 수 있을 때 관계는 더욱더 단단해질 테니까.

이제 나는 그 누구에게도 기대하지 않는다. 말없이 무언가를 바라지도 않고 원하는 모양이 될 때까지 누군가를 주무르지도 않는다. 좋은 관계란, 그 사람이 어떤 모양이든 어여쁘게 바라봐주는 일이다. 내가 바라는 모습이 될 때까지 한 사람을 온전히 받아들이지 않는 것이 아니라.

내가 사랑하는 건
무엇일까

전에 읽었던 <베르나르 베르베르의 상상력 사전>이란 책에서 숫자의 의미에 관해 흥미로운 글을 읽었던 기억이 있다. 그 책에서는 숫자의 곡선이 사랑을, 가로줄은 속박을, 교차점은 시련과 선택의 갈림길을 나타낸다고 했다. 그중에서 흥미로웠던 대목은 숫자 3, 4, 5였다.

동물을 뜻하는 숫자 3은 하늘과 땅을 모두 사랑해 위아래가 곡선으로 이루어져 있다고 했다. 깨달은 인간을 뜻하는 숫자 5는 하늘에 매여 있으면서도 땅에 대한 사랑을 나타내기 때문에, 가로줄과 곡선으로 이루어져 있다고 설명했다.

교차점을 가진 숫자 4는 평범한 인간을 의미한다고 했다. 인간은 3과 5의 교차로에 서 있는 존재로, 더 높은 단계로 나아가 현자가 될 수도 있고, 동물의 단계로 되돌아갈 수도 있다고 했다.

나는 생각한다. 내가 사랑하는 것은 무엇일까? 아니, 내가 정말로 무언가를 사랑했다고 말할 수 있는 삶을 살아왔을까? 어디에도 얽매이지 않으면서도, 그 어떤 것도 순수하게 사랑하지 못하는 것이 인간의 숙명일지도 모른다고 생각한다.

내가 저물어갈 때쯤, 나는 숫자 3과 5중 어느 쪽에 더 가까워져 있을까? 아마도 여전히 숫자 4 그대로, 평범한 사람일 것이다. 하지만 이왕이면 조금 더 둥글게 쓰인 숫자 4가 되어, 어설프게나마 사랑을 느껴본 사람으로 남고 싶다.

몇 초의
인생

지구의 역사를 하루로 환산하면, 인류가 살아온 시간은 몇 초밖에 되지 않는다고 한다. 내가 태어나며 울었던 순간과 처음 걸음마를 뗀 순간, 처음 엄마의 손을 잡고 걸었던 순간, 좋아하는 아이가 먼 곳으로 이사 갔을 때 슬퍼했던 기억, 첫 고백이 받아들여진 순간의 기쁨, 처음 사랑을 잃었을 때의 슬픔, 엄마가 우는 모습을 목격했을 때 마음속에서 격한 파도가 일던 순간, 어떻게 살아야 할까 막막하게 내쉬었던 한숨.

그 모든 게, 1초도 채 되지 않는 시간에 벌어졌다니. 인생은 참 짧고 덧없는 것 같다 싶다가도 우리에게 주어진 시간이 너무나도 소중한 찰나라는 것을 새삼 느끼게 된다.

지구가 눈 한번 깜빡이는 동안, 내 삶은 시작되었다가 진작 끝나 있겠지만 그렇기에 더욱 이 삶을 끈질기게 붙잡고, 빈틈없이 살아내야겠다. 우리가 살아온 시간과 살아갈 시간은 너무나도 짧으니까. 작은 순간도 놓치지 않고, 꼼꼼히 느껴야만 하겠다.

자국

한 사람을 사랑하게 되면 마치 몸에 자국이 생기는 것처럼, 그 사람이 내 마음에 새겨진다. 한 사람이 떠나버려도 절대로 지워지지 않을 것 같은 자국. 이별은 그 자국과 여러 밤을 보내는 과정이다. 곁에 머물던 손길과 내 손에 잡히던 것들을 떠올리면서 여전히 내 몸에 남아있는 자국과 사는 것.

하지만 언젠가는 그 자국 모두 사라지는 날이 온다. 내가 품었던 것이 있었는지, 뜨거웠던 순간이 있었는지 잊어버리는 날이 온다. 헤어짐보다 더 무서운 건 망각이다.

지난 달력을 들여다봤을 때 그때의 내 모습이 생각나지 않는 건, 나의 한 시절을 잃어버렸다는 것. 사람을 잃은 것보다 그 사람이 있었다는 사실 자체를 잊게 된다는 사실이 더 무섭다. 아무도 없던 것처럼 살아가게 되는 게 더 슬프다.

그때의
내가 후회되는

사랑을 너무 아껴서 끝난 사랑이 가장 힘들다. 내가 조금 더 마음을 쏟았다면, 달라졌을 관계. 소중함을 잊지 않았다면 지금껏 이어졌을 우리.

끝난 관계를 뒤돌아보는 이유에 '그때의 내가 후회돼서'라는 이유가 있을 수 있다는 걸 처음 알았다.

다시 한번 만날 수 있다면, 최선을 다해 사랑할 텐데. 그때의 너는 이제 없고, 주지 못한 마음은 어딘가에 쏟아버려야만 한다. 더 사랑하지 않았던 그때의 내가 미울 뿐이다. 더 사랑했다면 달라졌을지도 모를 우리가 생각나는 계절이다.

무기력

가슴 한편 어딘가가 자꾸만 끓어오르던 시절과 웬만한 것들로는 달아오르지 않게 된 지금. 나는 내 마음이 변했다고 생각했다. 마음속에 물음표가 생기는 일들을 봐도, 뛰어들고 싶은 순간을 맞이해도 예전처럼 움직이지 못하는 건 내 마음이 희미해져서라고 생각했다.

나는 변해버린 거야. 이제 더는 마음 한구석이 뜨거워지지 않는 사람이 된 거야. 그렇게 좌절하며 몸과 마음을 방 한구석에 방치해 두고, 잊고 살았다. 그렇게 한참의 시간이 흐르고 내 모습을 스스로 보잘것없다고 여길 때쯤 누군가 내게 말했다.

「산책이라도 가자. 이럴 때일수록 억지로 움직여야 해.」

속으로는 내키지 않으면서도 억지로 따라나서기를 여러 번. 처음엔 끌려가듯 걷다가, 그다음에는 내 의지로 걷다가, 어느새 뛰고 싶어졌다. 아니, 뛸 수 있게 됐다. 공원 운동장 몇 바퀴를 돌아도 몸이 가뿐한 지경에 이르자, 신기하게도 가슴 한구석이 다시 뜨거워진 것 같았다. 이상하다. 내 마음은 분명 죽어버렸을 텐데. 신기하다. 어느새 주변 사람들에게도 더 웃어주는 사람이 됐다.

무언가를 봐도 마음이 더는 움직이지 않는 줄 알았는데, 마음이 따라오지 못하는 줄 알았는데 실은 체력이 바닥났던 것 때문이었나. 마음이 가는 길을 몸이 따라가지 못해서 그런 거였나. 참 다행이다 싶었다.

이제는 다정함도, 꿈꾸는 일도, 나아가는 것도 체력이 필요하다는 것을 안다. 그렇기에 내가 나서서 건강을 챙긴다.

언젠가 내 마음은 조금씩 희미해질 테지만, 하고 싶은 게 반의 반토막으로 줄고, 보고 싶은 게 반의반의 반토막으로 줄고, 더는 꿈도 꾸지 못하는 인간이 되어버릴 테지만, 내 마음속 마지막 꿈틀거림을 놓치기는 싫다. 아주 희미한 마음속 바람일지라도 끝까지 따라가는 사람이 되고 싶다. 마음이 가는 길을 따라가기 위해서는 먼저 따라갈 수 있는 몸이 있어야겠지.

그 사실을 잊지 않고 나는 오늘도 어딘가로 달려 나간다. 무기력에 휩싸인 채로 망가지지 않게, 익숙해지지 않게.

투정

울퉁불퉁한 삶을 건너가는 건 버틸 만하다.
흰밥에 올려놓을 반찬이 뚝 떨어져
김 한 장에 외로움을 올려 싸 먹는 일도 버틸 만하다.
그런데 내게 일어난 미치도록 억울했던 일 하나를
털어놓을 곳 없다는 사실은 버텨지지 않는다.

내 삶을 털어놓을 곳이 사라졌을 때
내가 사는 삶에 더는 아무런 답장이 없을 때
그럴 때 사람은 무너진다.
일러바칠 곳이 있고, 한탄할 곳이 있다는 건
고립되지 않았다는 것. 이 삶을 버텨낼 틈이 있다는 것.

오늘 밤, 누군가 내게 전화를 걸어
이런저런 일이 있었다고 털어놓는다면
달처럼 웃으며 가만히 들어줘야겠다.
그것만으로도 까만 삶 조금은 밝아질 테니까.

단어

사람을 보면 몇 가지 단어가 떠오른다. 숲을 유난히 좋아하는 친구는 초록, 첫눈이 오던 겨울날 만났던 사람은 첫눈, 눈에 물결이 치던 사람은 바다. 많아야 한두 개, 그 사람과 연관된 단어가 생각난다.

그런데 왜일까. 엄마만 생각하면 떠오르는 단어가 너무나 많다. 어렸을 때 덥다는 이유로 엄마에게 짜증 내기 바빴던 이름 모를 숲, 엄마와 함께 걸었던 자갈이 많았던 바다, 엄마와 인생 첫눈을 맞았던 계절까지도.

내가 아는 모든 단어에 존재했던 사람.
어떤 단어로 당신을 설명할 수 있을까.

내가 숨 쉴 수 있던 곳, 내가 꿈꿀 수 있던 곳, 내가 살아가고 잠들고 쉴 수 있던 곳, 사랑을 알게 해준 곳, 슬픔을 알려준 곳.
엄마를 한 단어로 압축한다면 세상이 되지 않을까 싶다.

모든 순간의 내가 있던 세상, 나를 탄생시킨 우주.

당신이 가진 단어에 비해 당신에 관해 너무나도 모르는 나.
무한한 것들을 받았지만 유한한 것들로 보답했던 지난날의 나.

어떤 것을 줘도, 그동안 내가 받은 것에 비하면
아무것도 아니라는 사실이 감사하면서도 슬프다.

나는 엄마가 무한했으면 좋겠다.

억누르지 말고
참아내지 말고

우리는 살아가면서 수많은 감정을 느끼지만, 그것을 다 쏟아내지는 못한다. 슬프면서도 울지 못하고, 화가 나면서도 눌러 참는다. 감정을 드러내는 것이 어색해서, 익숙하지 않아서 외면해 버리고 만다. 하지만 꺼내지 못한 감정이 쌓이면 서서히 내 안에서 곪아가고, 언젠가는 내게 독이 된다는 사실. 감정을 억누르다 망가질 바에야, 차라리 표현하는 사람이 되자.

그것 때문에 잃을 것들을 두려워할 필요도 없다. 내 감정에 솔직했을 뿐인데, 떠나가는 것들이라면 애초에 지켜야 할 가치도 없는 거니까. 오늘부터라도 내 감정에 솔직해지는 시간을 가져보자. 울고 싶을 땐 울어보고, 웃고 싶을 땐 웃어보고. 그동안 참아왔던 감정과 천천히 마주해보자. 그렇게 살아가는 게 더 건강한 삶일 테니까.

싱거운
말들

싱거운 말들을 주고받을 때 비로소 나는 사랑하고 있다고 느낀다.

「눈 온다. 배고프네. 산책이나 갈래. 너무 춥다.」

혼잣말 같지만 혼잣말이 아닌 말들. 툭툭 던져도 되고, 애써 포장하지 않아도 되는 말들, 너무나 일상적인 말들. 그런 말을 아무렇지 않게 꺼내지 못할 때 사랑은 죽어버린다.

꾸며진 말들이 사랑을 한순간 반짝이게 할 수는 있지만, 사랑을 계속 흐르게 만드는 건 사소하고 별거 아닌 말들이다.

사랑을 잃었을 때 가장 그리운 것도 그런 말들이다. 나의 일상 곳곳을 채워주던 쓸데없는 줄 알았던 말들. 그냥 흘려보냈던 그저 그런 말들. 그게 진짜 사랑했기에 내뱉을 수 있었던 말들이라는 걸 뒤늦게 깨닫게 되니까.

인연의
무서움

그때 너의 삶을 두드리지 않았다면 나는 몇 년 동안 빈 곳을 맴돌았겠지.

「여기 누군가 있어야 할 것 같은데…」라고 중얼거리며, 집에 두고 온 지갑을 찾는 것처럼 허전한 옆구리를 더듬었겠지.

인연이라는 게 참 무십다. 말 한 번 걸었다고 평생을 꿈꾸는 사람이 되고, 말을 걸지 않았다면, 우린 조연이 되어 서로의 삶을 스쳐 지나갔을 테니. 나는 얼마나 무수한 인연을 만들고 놓쳤을까, 앞으로 또 얼마나 그럴까.

이제는 감당할 수 있는 만큼만 인연이 왔으면 좋겠다.
더는 만드는 것도, 놓치는 것도 버거우니
곁에 있는 인연이나 지킬 줄 아는 사람 되고 싶다.

먼저 이해할 줄
아는 사람

사랑에 있어 '믿음'은 중요하지만, 때로는 양날의 검이 될 수 있다. 한 사람을 온전히 믿는다는 것은 그만큼 큰 기대를 품게 한다.

그 사람은 절대 나를 배신하지 않을 거라는 확신, 우리 사이는 영원할 거라는 믿음. 하지만 이런 기대는 종종 깨지기 마련이다.

우리는 때로 연인에게 지나친 믿음을 요구한다. 상대방이 나와 똑같은 깊이로 믿어주기를 바라며, 그 기대가 과도해질 수 있다는 사실을 잊는다. 상대방 역시 불완전한 존재임을 인정하지 않은 채, 온전한 믿음만을 강요하게 되는 것이다.

한때는, 믿음이야말로 사랑의 절대적인 요소라고 생각했다. 서로에 대한 믿음의 깊이가 곧 사랑의 척도라고 여겼고, 온 마음을 다해 상대방을 믿으려 노력했다. 하지만 시간이 지나면서, 그토록 믿었던 사람들도 결국 나를 떠났고, 아무리 강한 믿음도 영원할 수 없다는 사실을 깨달았다.

이제는 사랑을 조금 다른 시선으로 바라본다. 상대방을 무조건 믿기보다는, 그 사람 자체를 있는 그대로 이해하려고 한다. 나와 다른 생각과 가치관을 가진 존재로서 인정하고 존중하는 것. 이것이야말로 진정한 사랑에 가까운 자세라고 생각한다.

연인 사이에 믿음이 중요하다는 사실은 변함없다. 다만 그 믿음에 절대성을 부여하지 않으려 한다. 서로 노력하고, 서로 이해하며, 서로 존중하는 과정에서 자연스럽게 건강한 믿음이 생겨날 테니까.

누군가를 무조건 믿기보다는, 먼저 깊이 이해할 줄 아는 사람.
사랑 앞에서 나는 그런 사람이 되고 싶다.

이왕이면
좋은 영향을

사람은 사소한 것 하나로도 큰 영향을 받는다. 무의식적으로 비관적인 세상의 이야기를 접하게 되면 알게 모르게 부정적인 마음으로 세상을 바라보게 되고, 희박한 희망일지라도 계속해서 나아가는 굳건한 사람들을 보면 우리도 조금이나마 희망적인 사람이 되어간다.

그런 의미에서 스크롤 몇 번, 터치 몇 번으로 세상의 명암을 둘러보기 쉬워진 지금 우리에게는 경계가 필요하다. 내 마음을 망가뜨리지 않고, 내 생각이 올바르게 흘러갈 수 있도록, 접하는 글 한 줄, 스치는 사람 한 명이라도 제대로 읽고 곁에 두어야 한다.

내가 보고, 접하는 모든 것들이 알게 모르게 마음을 지배한다. 어떤 마음가짐으로 살아갈 것인지, 그렇기 위해서 어떤 것들을 보고 느끼며 잠들 것인지, 매일 고민해야 한다.

글 한 줄은 좋은 영감이 될 수도 있지만, 때로는 포기를 부추기는 독이 될 수도 있다. 어떤 글을 읽고 마음에 채워 넣을지는 내가 정하는 것이다.

절망을 생각하던 사람에게 먹구름이 다가오면 한없이 우울해하겠지만, 희망을 품고 살아가는 사람은 곧 비가 내리고 꽃이 피어나겠다고 생각할 수도 있다. 최대한 내 마음에 밝은 것들을 채워 넣는 사람이 되고 싶다. 이왕이면 밝음을 품고 살아가는 사람이 되고 싶다.

마음이
꽉 찬 사람

가진 건 없어도 마음은 궁핍하지 않은 사람이 되고 싶다. 고개를 떨군 채 땅만 보며 걷는 사람이 아니라, 작은 눈에 별빛이 비치는 사람. 사소한 아름다움도 지나치지 않고, 발견할 수 있는 사람. 마음이 죽어버린 사람이 되지 않도록, 아무런 의미도 눈빛도 없이 터덜터덜 살아가는 것이 아니라 하루를 살더라도 또렷한 시선으로 살아내는 사람이 되고 싶다. 삶의 한 호흡, 한 호흡에 의미를 부여하며, 무의미하게 살아가는 사람이 되지 않도록.

사랑의
기준점

사랑은 특이점 같은 사람을 만나 기준점으로 잡고 살아가는 일이 아닐까. 평범하게 흘러가던 내 삶에 불쑥 나타난 사람과 사랑에 빠지며, 그 사람이라는 새로운 기준점이 생기는 것.

그때부터 세상의 중심이 나에서 '우리'로 옮겨간다. 나 홀로 걷던 인생길에 동행이 생긴 거다. 한순간에 낯설고 어색했던 그 사람이 어느새 내 삶의 나침반이 된다. 앞으로 나아갈 이유가 되고, 살아갈 의미가 된다.

사랑은 나를 누군가를 위해 살 줄 아는 사람으로 만든다. 좋아하는 음식, 취향, 버릇까지 그 사람에 맞추어 변하게 되고 심지어 꿈꾸는 미래마저 함께 그리게 된다. 혼자 결정하고 행동하던 습관도, 어느새 '우리'라는 테두리 안에서 이뤄진다.

한 사람을 중심으로 내 삶이 공전하게 되는 것. 이전에는 없던 새로운 기준이 생긴 삶. 사랑하는 사람이 생겼다는 건, 길 하나가 생긴 것일지도 모른다. 더는 헤맬 필요 없이, 앞으로 나아가기만 하면 행복에 닿을 수 있는 길.

그렇기에 어쩌면 우린 평생 누군가의 기준점이 되기 위해, 나의 기준점이 되어줄 사람을 찾기 위해 세상을 헤매는지도 모른다.

기댈 곳 없는 세상 속 마음 놓고 기댈 수 있는 기둥 하나가 생긴다는 것은 생각만으로도 든든한 일이니까. 혼자 나아가는 삶이 아닌, 서로 중심이 되어 지지해주며 흘러가는 삶은 그 어떤 어려움도 이겨낼 힘을 주니까.

마음가짐이
전부다

여행하다 보면 깨닫게 되는 것들이 있다. 세상은 내 마음가짐에 따라 달라 보인다는 사실이 그중 하나다. 내가 밝고 환한 시선으로 세상을 바라볼 때, 비로소 주변 사람들의 미소와 선한 마음이 내게 다가온다. 그렇지 않으면, 웃을 일도 점점 사라져가고, 나를 사랑하지 않으면 나를 사랑해 줄 사람도 없어져 간다.

흐린 얼굴로 이 도시를 돌아다닌다면, 내가 마주할 것들은 온통 회색빛의 우울함뿐이겠지만, 화사한 얼굴로 거리에 나선다면 내게 다가오는 건 사람들의 웃는 얼굴, 친절한 인사, 다정한 장면 그런 것들이다. 세상은 결국 마음가짐의 차이다. 내가 마주하고 싶은 세상이 있다면 그 마음을 먼저 품을 줄 아는 사람이 되어야 한다. 그러면, 세상은 내게 웃어줄 것이다.

흐린 날씨에도, 난관에 봉착해도 어떻게든 행복을 쟁취할 방법은 존재한다. 어떤 상황에 부닥치든 내가 먼저 웃고, 사랑하고, 감사할 때 세상도 화답해 줄 거라 믿는다. 이 마음가짐을 잊지 않고 살아간다면 웃음을 잃어버릴 일이 줄어들지 않을까.

앞으로의 날들, 나는 어떤 빛깔로 세상을 수놓을지 기대가 된다. 여행지에서 느꼈던 마음으로 밝고 환하게 그려내고 싶다. 모든 건 내 마음에 달려 있으니까. 내가 마주하게 될 세상은 내 마음에 비친 모습일 테니까.

바람처럼

분명 나는 잘살고 있다고 생각하는데 불현듯 떠오르는 사람이 있다. 종일 웃고 떠들며 잘 지냈는데, 집으로 돌아가는 길에 갑자기 불어오는 바람처럼. 한순간 나를 휘감아버리는 기억이 있다. 그런 순간을 맞이할 때면, 그 어디에도 털어놓을 곳 없이, 그 누구에게도 기댈 수 없이 혼자서 이겨내야만 한다. 쓸쓸함을 식량 삼아 허기진 마음을 달래야만 한다.

점

사랑은 그 사람의 작은 점들을 하나씩 사랑하는 것. 동시에 세상의 나쁜 점들은 하나씩 잊어가는 것. 그리고 그 사람의 많은 점이 좋아질 때쯤, 갑작스럽게 찾아와 나를 괴롭게 만드는 것이 바로 이별. 내가 사랑한 점들을 별처럼 하늘 위에 띄워놓고, 한참을 그리워하는 일밖에는 하지 못하는 일.

관계의
지구력

관계의 지구력은 의외로 적당한 무심함으로 키워진다. 일거수일투족 모든 것에 시선과 관심을 두는 것이 아니라, 웬만한 것들은 알아서 잘 해내겠지 하는 믿음. 모든 시련에 손을 내미는 것이 아니라, 먼저 손을 내밀어올 때 외면하지 않는 것. 이상적인 관계가 되기엔 그거면 충분하다.

사랑하면 자연스럽게 그 사람의 많은 것을 알게 되고, 아는 것이 많아진 만큼 나도 모르게 관여하게 된다. 사랑하기 때문에, 아끼기 때문에, 잘되었으면 하는 마음에 몇 마디 말을 내뱉지만, 그때를 가장 조심해야 한다. 내가 건네는 말들이 혹시나 그 사람의 삶을 건드리고 조종할 수도 있으며, 내가 원하는 대로 그 사람을 움직이게 할 수도 있기 때문이다.

관계가 오래 굴러가기 위해서는 지나치게 밀접해서도, 지나치게 관여해서도 안 된다는 걸 기억해야 한다. 정말 좋은 관계는 내가 생각하는 정답을 알려주는 것이 아니라, 그 사람이 미처 보지 못하는 부분을 알려주고, 그 사람의 사각지대를 대신 바라봐 주는 것.

딱 이 정도의 적당한 마음이 관계의 지구력을 키워주고, 오래오래 서로에게 도움을 주며 공존하게 해준다. 사랑은 한 사람을 바꾸는 일이 아니다. 지켜봐 주고 응원해 주는 것으로 충분하다.

사람이
지나간 자리

사람이 다녀간 자리에는 무언가가 남는다. 좋은 향을 남기고 가는 사람도 있고 먹구름을 몰고 와서는 홀연히 떠나 흐린 날을 마주하게 만드는 사람도 있다. 이왕이면 좋은 사람만 스쳐 갔으면 하는 욕심도 있긴 하지만 실제로 사람을 겪을 때는 알아차리기가 힘들다.

다 지나간 뒤에야 남겨진 것들로 그런 사람이었구나 판단하는 게 대다수의 인간일뿐더러, 관계의 마지막에서야 본심을 드러내는 사람이 많기 때문이다. 이제는 사람을 완전히 믿어버리지 않는다. 그 사람이 누구든 간에, 약간의 틈은 남겨둔다.

그 틈은 상대방에 대한 불신이 아니다. 그저 아주 약간의 공간일 뿐이다. 누군가를 완전히 믿을 수 없도록 존재하는 공간. 그 누구도 침범할 수 없고, 홀로 지켜내야 할 나만의 영역. 관계를 잃어도 자기 자신만은 잃어버리지 않도록 빠져나갈 문 하나는 남겨두는 것이다.

연인이든, 가장 믿는 친구든 그들의 손을 잡되, 내 손 하나쯤은 자유롭게 두는 것. 딱 이 정도의 마음이면 충분한 것 같다. 모든 마음을 다 바쳐야만, 모든 것을 믿어야만 좋은 관계가 아니니까.

오늘도 나는 내 안의 작은 틈을 지키며 사람들을 마주한다. 언젠가 우리가 서로의 빈틈까지 사랑할 수 있게 되길 꿈꾸면서.

나는 나를
어떻게 보고 있는가

남들 눈에 비친 내 모습이 아닌 내 안의 나를 바라보는 일. 타인의 시선을 신경 쓰지 않고 내가 생각하는 나 자신을 믿는 일. 정말 강인한 사람들은, 남들이 자신을 어떻게 바라보든 신경 쓰지 않는다. 타인의 시선은 사람마다 제각각이라, 누군가는 나를 좋게 봐줄 수도, 또 나쁘게 봐줄 수도 있지만 내가 나를 어떻게 바라볼지는 내가 정할 수 있고, 나만이 정할 수 있는 것.

강인한 사람이 되기 위해서는, 진실한 나를 직시할 용기가 필요하다. 내가 마주한 나의 모습이 부족해 보일 수도, 실망스러울 수도 있지만, 그 모든 것이 있는 그대로의 나이며 앞으로 성장해 나갈 존재임을 인정하는 것. 그것이 첫걸음일지도 모른다.

세상 사람들이 나를 어떻게 생각하든 너무 연연해하지는 말자. 그건 절대적인 것이 아니며 얼마든지 바뀔 수 있으니까. 내가 바라보는 내 모습, 내가 생각하는 내 모습. 그것을 신경 쓰며 살아가는 편이 더 나을 테니까.

그 사람의 언어를
알아가는 것

관계는 그 사람의 언어를 알아가는 것이 아닐까 생각한다.

같은 말을 해도 서로 다른 뜻으로 받아들일 수 있고, 나에겐 기쁨인 것이 상대에게는 슬픔일 수도 있다. 그런 의미에서 관계는 낯선 언어를 배우는 일과 같다. 서툴고 어색하지만, 각자 가지고 있는 고유의 언어를 알아가는 과정. 어설프지만 차츰 알아가는 재미가 있다.

섣불리 판단하거나 단정 짓지 않고, 묵묵히 누군가의 언어를 배우는 과정. 때론 그 언어가 너무 낯설어서 이해하기 힘들 때도 있다. 내 기준으로는 도저히 설명할 수 없는 그 사람의 감정들, 그 모호한 것들에 지쳐 관계를 놓아버리고 싶을 때도 있다.

하지만 포기하지 말자. 그 언어를 알아가려 노력할 때 우린 가까워지니까. 상대방의 언어를 더 가까이에서 느끼려 애쓰는 시간. 그 속에서 우리는 조금씩 서로를 이해하게 된다.

낯선 언어를 알아가는 것, 쉽지 않은 일이다. 다른 언어로 소통하듯 때론 답답하고 속상할 때도 있다. 그러나 내 마음대로 해석하거나 고치려 해서는 안 된다. 있는 그대로 받아들이는 것, 그것이 관계의 기본이니까.

실수하고, 서툴러도 괜찮다. 언어를 배운다는 건 원래 그런 것이니까. 서로의 언어를 깨우치기 위해 마주 앉고, 긴 시간 눈과 귀를 열어두고 상내방의 말과 행동을 읽어내다 보면 어제보다 오늘 더, 오늘보다 내일 더 잘 알아듣게 되겠지.

좋은 관계란, 아마도 이런 것이 아닐까. 상대의 언어를 알아가는 일, 동시에 내 언어를 가르쳐주는 일. 서로가 서로에 대해 배우면서 깊이를 더해가는 관계.

서로의 차이를 존중하면서도, 때론 이해하기 힘들어도 계속해서 마주하는 용기. 한 사람 한 사람의 마음을 읽어내려 애쓰는 노력.

그 과정에서 관계는 성장한다. 완벽한 소통은 어려울지 몰라도, 그 안에서 서로를 향한 마음이 깊어진다.

완벽한 관계란 없다. 하지만 그 불완전함 속에 아름다움이 있다는 사실. 그것만 기억해도 관계는 의미 있는 것이 되지 않을까 생각한다.

늦은 건
없다

늦은 시간이라는 건 없다. 늦은 마음만 있을 뿐. 과거가 후회되고, 미래가 불안정하다면, 내가 살아가는 지금, 이 순간을 값지게 살아내는 방법뿐이다. 가만히 서 있겠다고 해서 바뀌는 것은 없다. 다만, 포기하지 않고 나아가기로 했을 때. 지금, 이 시간에 집중하고 또다시 일어서겠다고 다짐했을 때. 앞으로 과거가 될 나의 미래는 빛나게 될 것이다. 당신은 충분히 이겨낼 수 있다. 나아가는 것을 멈추지 않는다면. 당신을 포기하지 않는다면.

사랑이
최고다

이유 없이 기분이 좋아서 꽃 한 송이가 사고 싶어졌다. 특별한 이유는 없었다. 좋은 기분을 더 오래 느끼고 싶었을 뿐.

꽃집에 들어서자, 사장님이 물었다. 우울해서 꽃을 사냐고. 나는 웃으며 대답했다. 우울한 게 아니라 기분이 좋아서 왔다고. 그 말을 듣더니, 사장님이 갑자기 꽃 한 송이를 건넸다. 기분 더 좋아지라는 선물이라며.

꽃을 들고 걸어오는 길에 나는 생각했다. 비관적인 말들이 넘쳐나는 세상이지만, 세상은 여전히 아름답다는 것을. 암울함 속에서도 우리를 살아가게 만드는 사랑이 있다고.

내 작은 기쁨에 함께 웃어주고, 선물을 건네는 타인의 따뜻한 마음. 누군가 힘들어할 때 토닥여주는 위로의 손길. 지쳤다는 말 한마디에, 기꺼이 양해해 주고 기다려주는 넉넉한 이해심. 우리 곁에는 사랑이 숨 쉬고 있다.

때론 시들고 힘겨워 보이지만 포기하지 않고 필사적으로 살아 숨쉬는 꽃처럼. 지금, 이 순간에도 누군가에게 사랑을 주고, 또 누군가에게 사랑받으며 우리는 살아가고 있다는 것.

한 송이 꽃을 보고 생각한다. 사랑이야말로, 우리를 살아가게 하는 연료라는 것을. 어려움 속에서도 나아갈 수 있는 건, 결국 우리 곁에 사랑이 있기 때문일 거다. 주고받는 사랑에 감사하며 오늘도, 내일도 살아가야겠다. 포기하지 않고, 희망을 잃지 않고.

계절과 함께
변하는 우리들

계절이 색을 바꾸듯 우리의 삶도 성숙해져 간다. 많은 말보다는 깊이 생각하고, 분노를 드러내기보다는 침묵하는 시간이 많아졌다.

젊은 날에는 쏟아내고 싶었던 이야기가 많았다. 속에서 끓어오르는 감정을 숨길 줄 몰랐고, 거침없이 내뱉었다. 하지만 언젠가부터 자연스레 말을 아끼게 됐다. 한마디 말을 내뱉기 전에, 두세 번은 더 생각하고 말하게 됐다. 많은 말을 하는 것보다 단 한 마디에 더 많은 의미를 담고 싶어졌다.

감정을 표현하는 방식도 달라졌다. 분노를 터뜨리는 대신, 침묵을 선택할 줄 알게 됐다. 욱하는 마음에 가시 돋친 말들을 내뱉기보다는, 잠시 멈춰 서서 바람에 흘려보내게 된 거다.

우리는 계절처럼 변해간다. 한때는 어리고 혼란스러웠지만 시간이 지나며 조금씩 깊이를 더해간다. 겉으로 드러내는 것들은 줄었지만 오히려 내면은 더 아름다워졌다.

젊은 날의 풋풋함은 어디론가 사라졌지만, 우리는 지금, 이 계절 속에서 또 다른 빛으로 존재하고 있다. 세월이 선물한 깊이만큼 우리도 성장했으니까.

지난날의
문장들

가끔 글을 쓰다 보면 멈출 수 없을 때가 있다. 너무 많은 것이 떠오를 때는 쏟아내듯 글을 적는다. 그렇게 적은 글들은 메모장에 저장해두고, 시간이 흐른 뒤 다시 펼쳐본다.

그때마다 신기한 경험을 하게 된다. 분명 내가 쓴 글인데도 낯설게 느껴지는 문장들. 우울하던 날 적었던 글은 이상하게 위로가 되고, 사랑에 빠져 늘어놓았던 문장들은 슬픔으로 다가온다.

돌이켜보면, 그 글을 쓸 때의 내 모습이 떠오른다. 글을 써 내려가던 순간의 나. 지금과는 다른 생각, 다른 감정으로 똑같이 눈앞의 세상을 바라보고 있었던 나. 내 글 속에서 과거의 나를 만나는 일은 낯설면서도, 묘하게 즐겁다. 잊고 있었던 또 다른 나의 모습을 글 속에서 발견하는 것 같아서.

앞으로도 글 쓰는 일을 멈추지 않아야겠다고 생각한다. 때로는 너무 많은 생각과 감정이 쏟아져 도저히 멈출 수 없을지라도. 지금,

이 순간을 온전히 느끼고, 기록하는 일. 그렇게 써 내려간 글들을 간직했다가 가끔 꺼내 읽으며 내 안의 변화를 느끼고 싶다. 시간이 흘러 다시 읽게 되면 새로운 의미로 빛날 테니까. 지난날을 뒤돌아보며 색다른 감정에 휩싸일 수 있을 테니까.

발화점

오래된 연인들은 서로의 발화점을 잘 알고 있다. 언제 이 사람이 끓어오르게 되는지. 언제 이 사람이 열을 내는지. 서로에게 상처가 될 말이 무엇인지 너무나도 잘 알게 된다.

이상적인 관계는 그 발화점에 다다르지 않게 아무리 감정이 격해지는 한이 있더라도 마찰을 일으킬 말을 내뱉지 않는다. 잘 알기 때문에 피해 가는 것이다. 이 사람이 싫어하는 말, 증오하는 말, 상처받을 수 있는 말. 그 말만큼은 억누르는 것이다.

하지만, 또 다른 관계는 잘 알기 때문에 내뱉기도 한다. 이 사람이 괴로워하는 말, 이 사람의 입을 막아버릴 수 있는 말, 이 싸움에서 내가 이길 수 있는 말. 너무나 잘 안다는 이유로 너무나 정교하게 마음을 찌르는 것이다.

그러고는 한 사람의 위에 서서, '결국은 내 말이 맞아, 내가 이긴 싸움이야.'라고 생각하고 만다. 한 사람의 마음은 이미 만신창이가 되었다는 것은 신경 쓰지도 않고서.

진정 좋은 관계란, 서로를 잘 안다고 해서 모든 것을 다 표현하는 것이 아니라, 때로는 억누를 줄 아는 마음이 만들어낸다. 사랑은 생김새부터, 마음가짐까지 전혀 다른 두 사람이 만나 벌어지는 일. 당연히 다를 수 있고, 당연히 엇나갈 수 있다.

하지만 그 사람의 가장 여린 부분을 건드리는 순간, 그 사람의 발화점을 자극하는 순간 돌이킬 수 없는 관계의 끝을 맞이할 수 있다는 것. 절대로 잊어서는 안 된다. 잘 안다고 해서 모든 걸 말할 순 없다.

잊지 못할
파리의 밤

파리에서였다. 저녁이었다. 숙소에 짐을 풀고, 창밖을 멍하니 바라보다 문득 에펠탑이 보고 싶어졌다. 시간을 보니 정각까지는 20여 분이 남았다. 숙소 근처에 있는 비르하켐 다리까지는 대략 15분 정도. 대충 옷가지를 챙기고, 서둘러 숙소를 나섰다.

파리는 이제까지 두 번 정도 와봤지만, 그때마다 동행이 있었다. 밤거리를 혼자서 걷는 건 이번이 처음이었다. 어둑한 골목길을 지나고, 으슥한 공원을 가로지를 때는 무섭기도 했지만, 그만큼 자유로워서 좋았다.

마침내 다리에 도착하니, 정각까지 1분이 남아 있었다.

반짝이는 에펠탑을 담으려고 서둘러 카메라를 켰다. 잠시 기다리니 반짝이는 에펠탑과 동시에 와- 하고 거리를 채우는 탄성들. 분명 이전에도 수없이 봤던 풍경이었는데, 혼자여서 그런 걸까 너무나 벅차올랐다.

그 순간, 내 앞에 있는 한 커플이 눈에 들어왔다. 반짝이는 에펠탑을 두고 서로 찍어주는 모습. 그 모습에 잠시 넋을 잃었다가, 그들을 격자 안에 넣고 사진을 몇 장 찍었다.

나는 그 사진을 그들에게 선물로 주고 싶었다. 노이즈는 조금 있었지만 최대한 예쁘게 보정하기 시작했다. 서둘러 보정을 끝내고 사진을 주려고 고개를 드는 순간, 이미 그들은 저 멀리 가버렸다. 열심히 뒤따라갔지만 신호에 막혔다.

그들은 알까. 반짝이는 에펠탑보다 서로를 바라보던 눈빛이 더 빛났던 것을. 에펠탑과 그들이 함께 보이던 그 장면이 아직도 내 마음속에 선명하게 남아있다는 사실을.

그때 그 순간의 감동을 누군가와 나누지 못한 것은 아쉽지만, 또 누군가에겐 내가 그들처럼 추억 속 단편으로 스쳐 지나갈지도 모른다는 사실이 조금의 위안이 됐다. 인생이란 그런 것이 아닐까.

누군가의 추억 속에 스쳐 지나가는 한 컷의 사진 같은 것. 그 속에서 반짝이는 나를 발견하는 것. 그들은 내 추억이 되었고, 나 또한 누군가의 추억 속에 스쳐 지나갔을지도 모른다.

갑자기 내리는 비에 우산도 없이 숙소로 돌아가는 길. 왠지 모르게 웃음이 났다. 아무도 기억하는 이 없어도 괜찮은 행복. 오래도록 기억에 남을 밤이 될 것 같았다.

마음을
나누는 것

사소한 것을 나눌 사람이 없을 때면 우리는 쓸쓸해진다. 버스를 놓칠 뻔한 순간, 기사님이 나를 기다려주셨을 때의 기쁨, 잃어버린 줄 알았던 소중한 물건을 우연히 찾았을 때의 행복. 그런 사소한 순간을 누군가와 나누지 못할 때 우리는 급속도로 외로워진다.

별거 아닌 농담에도 웃어주고, 짜증 나는 순간을 털어놓으면 공감해 주는 사람. 그런 존재가 있다는 것만으로도 우리는 큰 위안을 얻는다.

그럼에도, 가끔은 곁에 아무도 없는 순간이 있을지도 모른다. 그럴 땐 스스로가 자신의 친구가 되어주어야 한다. 내가 행복했던 순간과 슬펐던 순간, 누군가와 나누고 싶었던 순간을 메모장에 기록해 두고 잊히지 않도록 간직하는 것.

그리고 먼 훗날의 나와 그 순간의 감정을 나누는 것. 오래된 일기를 찾아보면 그땐 그랬었다며 웃어넘길 수 있는 것처럼 우리는 나 자신과도 감정을 공유할 수 있다.

오늘 내 곁에 소소한 이야기를 나눌 친구가 없을지도 모른다. 하지만 괜찮다. 때로는 혼자, 때로는 누군가와 함께 살아가는 것. 삶은 그런 것이다. 혼자인 시간 속에서도, 누군가와 함께 있는 순간에서도 외로움을 이겨낼 방법은 언제나 존재한다.

비밀을
털어놓는다는 건

비밀은 약점이 된다. 비밀은 나를 찌르는 무기가 될 수도 있다. 그럼에도, 우리는 아끼는 사람에게, 그리고 사랑하는 사람에게 비밀을 털어놓는다. 무기를 쥐여주고, 결국 나를 망가뜨릴 힘을 건네준다.

언제든지 나를 무너뜨릴 수 있는 사람들이지만, 그러지 않는 이유는 나를 사랑하기 때문이다. 진정 나를 사랑하는 사람은 나의 약점을 무기 삼지 않는다. 나의 모든 것을 알면서도 함부로 드러내지 않고, 나의 연약한 부분을 건드리지 않는다.

사랑하는 이에게 비밀을 털어놓는 건 엄청난 용기가 필요한 일이다. 하지만 비밀을 알고도 나를 배신하지 않는다면, 그것은 세상에서 가장 큰 선물을 받은 것과 다름없다. 그것은 곧 있는 그대로의 나를 사랑해 준다는 확신. 그리고 나의 나약한 부분을 알면서도 떠나가지 않을 거라는 안도감이다.

나를 무너뜨릴 힘이 있으면서도 그러지 않는 것. 나의 약점을 알고 있으면서도 짓누르지 않는 것. 진정한 사랑은 상대방의 모든 비밀과 약점을 있는 그대로 받아들이고, 그것을 무기 삼아 상처 주지 않는 것이다. 사랑은 그런 것이다.

인생
최고의 날

인생 최고의 날은 아직 오지 않았다. 살 만큼 살았다고 생각하는 지금까지도, 내가 겪은 것들이 전부라고 말하기에는 우리에게는 너무 많은 내일이 남아 있다. 지금껏 마주한 모든 행복을 최고의 행복이라고 부르기에는 뭔가 작아 보인다.

살아오면서 만난 사람들, 사랑했던 이들, 가봤던 곳과 겪었던 일들. 그 모든 것이 소중하고 값진 시간이었지만, 나는 아직 내 인생에서 가장 눈부신 순간을 만나지 않았다고 생각한다.

돌이켜보면, 참 많은 이들을 내 곁에 불러들였다. 하지만 앞으로 스치게 될 인연과 비교하면 지금까지 마주친 것은 아무것도 아닐지 모른다. 우리는 앞으로도 수없이 많은 사람들과 엮이고, 헤어지고, 그리워하는 것을 반복할 테니까. 그 과정에서 지금껏 인생 최고의 관계라고 여겼던 사람보다 더 깊은 관계를 만나게 될 수도 있다. 우리가 살아온 날보다 살아갈 날이 더 많다는 것을 생각해보면, 내 발이 닿은 곳보다 닿지 않은 곳이 분명 더 많다는 걸 알 수 있으니까. 내 눈에 담긴 풍경보다 아직 담기지 않은 풍경이 더 많고, 내 가슴에 남은 감정보다 아직 느껴보지 못한 감정이 더 많을 것이다.

앞으로 다가올 날들은 미지의 영역이며, 설렘 가득한 선물 상자와도 같다. 내일은 어떤 모습일지, 누구를 만나게 될지, 어떤 감정에 휩싸이게 될지 그 누구도 확신할 수는 없지만 그래서 더 기대되는 것.

운명 같은 사랑도, 숨 막힐 듯 아름다운 풍경도, 분명 우리를 기다리고 있을 것이다. 머지않은 미래, 어쩌면 당장 내일. 우리를 찾아올지도 모른다. 지나온 시간도 소중하지만, 우리에겐 아직 가보지 않은 내일이 남아있다는 것. 인생에서 가장 빛나는 순간을 만나게 될 그날까지, 우리는 멈추지 않고 나아가야 한다.

인생 최고의 날은 아직 오지 않았으니까.

어둠까지
사랑할 줄 아는 마음

지금까지 겪었던 관계를 되돌아보면 좋은 관계가 꼭 행복하고 즐겁기만 한 것은 아니었던 것 같다. 관계를 꽃에 비유한다면 화사하게 피어나고 좋은 향기를 풍기는 순간만 있는 게 아니듯이, 관계에는 시들어 가는 순간도 있기 때문이다.

좋은 관계를 찾는 방법의 하나는 내 감정이 격해졌을 때, 대화할 줄 아는 사람을 만나는 것이라고 생각한다. 내가 어떤 마음 상태에 놓여있든 나를 존중해주고 다가올 줄 아는 사람. 좋은 관계는 화려하게 피어나는 순간도 사랑할 줄 알지만, 시들어 말라버린 꽃도 아껴줄 수 있는 것이라고 생각한다. 어떤 감정이든, 어떤 마음이든, 나를 인정해 주고 물러서지 않는 사람.

좋은 사람 앞에서는 온전한 나의 모습으로 존재하게 된다. 내가 피어나든, 시들어 가든 한결같은 마음으로 나를 대해주니까. 서로의 빛나는 순간은 물론, 어두운 면까지 기꺼이 마주하고 안아주는 것. 그것이 진정 좋은 관계가 아닐까.

바라는 삶

시간이 흘러갈수록, 드라마 같은 삶을 원하지 않는다는 것을 깨닫게 된다. 이제는 그저 편히 쉴 수 있는 아늑한 집이 있고, 맛있는 음식이 있으며, 나를 행복하게 해주는 사람들에게 둘러싸이는 삶을 바랄 뿐이다. 화려하고, 큰 행복보다는 일상에서 느껴지는 작은 행복이 더 좋아진 것이다.

모든 순간이 모여
내가 되었음을

우리는 살아가면서 때때로 지우고 싶은 순간을 마주할 때가 있다. 아프고 괴로웠던 기억들, 후회스럽고 부끄러웠던 선택들. 그 순간을 한 장씩 찢어내고 싶을 때가 있다.

하지만 우리가 겪은 것들은 단순한 기록이 아니라 우리 자체다. 상처가 되었든, 희망이 되었든 지나온 시간 모두가 지금의 나를 만들었다. 그 무엇도 삭제할 수 없고, 인생에 초기화란 없다. 우리가 선택할 수 있는 건 계속 나아가는 것뿐, 그리고 조금씩 무뎌지는 것뿐이다.

어쩌면 무뎌진다는 건 지난 시간을 끌어안는 것과 같은 의미일지도 모른다. 나에게 일어났던 일들을 인정하고 품는 것. 잊으려 하지 않고, 내 곁에 있었음을 받아들이는 것. 그렇게 우리는 조금 더 깊어지고 넓어진다. 그러니 돌아갈 수 없는 그 순간을 너무 후회하지는 말고, 지울 수 없는 기억을 지우려고 애쓰지는 말자. 모든 건 무뎌질 거고, 무뎌진 만큼 우리는 성장할 테니까.

너에게
나는

나는 너에게 피해 가야 했을 인연이었을까.
만나서 다행인 인연이었을까.
우리는 서로의 삶에 몇 퍼센트를 차지했을까.
다시 돌아가고 싶을 정도는 아니더라도,
몇 번쯤 떠오르는 인연이었으면 좋겠다.
한 시절 속에 내가 있었다고 생각했으면 좋겠다.

언제든
괜찮아질 수 있다

괜찮은 삶을 살아가고 싶다면 나를 부정적으로 만드는 곳에서 벗어날 줄 알아야 하고, 아무 의미 없다고 생각하는 것을 경계해야 한다. 변화는 오래 걸리고, 다시 일어설 수만 있다면 몇 번을 넘어지든 괜찮다는 것을 알고 있어야 한다. 매일 아침은 새로이 오고 어제의 지독했던 하루, 지난날의 아쉬웠던 내 모습, 그 모든 걸 영원히 이어가야 할 필요는 없다. 당신의 삶은 원래 그런 것이 아니고, 영원히 엉망이지도 않으며, 딩징 오늘부터 괜찮아질 수도 있다. 어떤 마음을 먹고, 어떻게 행동하는지에 따라서.

관계를
대하는 마음

세상에는 참 많은 관계가 있지만, 그중에서 곁에 남는 관계는 몇 안 된다. 내 인생에도 많은 만남이 있었지만, 진짜 의미 있는 관계는 손에 꼽을 정도로 적었던 것 같다.

나는 새로운 사람을 겪을 때마다 기대하곤 했다. 이 사람과는 얼마나 깊어질 수 있을까? 우리는 얼마나 좋은 인연이 될 수 있을까? 하는 마음에서였다. 하지만 대부분의 만남은 그렇게 깊어지지 못했다.

'어떤 사람이었더라.' 기억을 더듬어보면 떠오르는 건 고작 함께 갔던 맛집이나, 카페 정도. 그게 전부인 만남이 대부분이었으니까. 어쩌면 내 기대가 너무 컸던 걸지도 모르겠다. 모든 관계에 깊은 유대를 바라는 것. 모든 관계가 길고 깊게 이어지기를 바라는 것. 그건 욕심일지도 모른다.

이제는 관계를 대하는 자세를 달리해 보려고 한다. 누군가를 만날 때 기대치를 낮추는 거다. 굳이 깊은 관계로 발전하지 않아도 괜찮다. 그저 스쳐 가는 사람이 되어도 괜찮다.

물론 내 속내를 털어놓고 함께 웃고 울 수 있는 사람이 한 명쯤 있으면 좋겠지만, 만나는 모든 이와 그런 관계가 되기를 기대하지는 않을 것이다. 가볍게 시작해서 자연스럽게 깊어지는 관계가 있는가 하면, 커피 한 잔으로 스쳐 가는 만남도 있는 법이니까. 그것 또한 의미 있는 만남일 테니까.

'기대는 접어두되, 진심으로 대하기.'

이것이 관계를 대하는 나만의 새로운 자세다. 오래오래 곁에 남아주는 사람을 만나게 된다면 더없이 좋겠지만, 그렇지 않더라도 괜찮다. 깊은 관계만이 의미 있는 만남은 아니니까.

다
그런 거다

내가 부족한 사람 같고, 내가 저지른 실수가 자꾸 생각나고, 잠들기 힘들 정도로 속앓이하고 있다면 이 사실을 기억하세요. 이 세상에는 한 번도 다른 사람에게 실수한 적이 없거나, 나 자신을 부끄럽게 만들지 않은 사람은 없다는 것을. 우리는 그저 평범한 사람일 뿐입니다. 불완전하고, 부족하고, 실수하는 존재. 다들 그렇게 울퉁불퉁한 삶을 건너가고 있습니다. 그 사실을 받아들일 줄 알아야 사는 게 편해집니다.

인연과
악연

모든 인연에는 보이지 않는 끈 같은 게 있대. 이어질 인연은 처음부터 하나의 끈으로 이어져 있어서 만날 수밖에 없는 거지. 그런데 가끔 그 끈들이 엉켜서 만나지 않아야 했을 사람을 만나게 되기도 한다더라. 잘 풀어내면 좋은 관계가 되지만, 못 풀어내면 악연이 되는 거지.

서른의
용기

서른이 될 때까지, 나는 차가 없었다. 대중교통이 워낙 잘 되어 있어서 딱히 필요를 느끼지 못하기도 했고, 가끔 차가 필요할 때는 부모님 차를 빌려 타면 됐었다. 물론 갖고 싶었던 적은 있었지만, 갖고 싶은 것과 필요한 것은 엄연히 달랐다. 그래서 마음을 닫을 수밖에 없었다.

그러나 서른이 되고 나서 마음이 바뀌었는데, 이유는 몇 가지가 있었다. 새로운 일을 계획하면서 이곳저곳을 바쁘게 돌아다녀야 했고, 첫차를 가지기에 적당한 나이가 아닐까, 생각했다.

이유는 정해졌지만, 덜컥 차를 살 자신은 별로 없었다. 내가 차를 잘 관리할 수 있을까? 차를 사서 후회하지는 않을까? 그것만으로도 한참을 고민했고, 그다음은 어떤 차를 살지 긴 시간을 고민했다. 고민은 또 다른 고민을 낳았고, 그럴수록 어떻게 해야 할지 혼란스러웠다. 그러다 문득 예전에 내가 썼던 글을 보게 되었는데 마음 한구석에 작은 울림이 느껴졌다.

「실수를 먹어도, 먹어도 소화만 잘하면 된다.
실수에도 영양은 있다. 그건 경험이다.」

생각해 보니 지금껏 나는 실수를 그다지 두려워하지 않았다. 모든 건 경험이 되기 때문이었을까. 잘 안된다는 생각보다는 일단 해보고 겪어보는 것을 좋아했다.

하지만 언젠가부터 그 마음이 조금씩 옅어져 확실한 게 아니면 뛰어들지도, 도전하지도 않는 사람이 되어갔다.

나는 왜 변하게 된 걸까? 곰곰이 생각해 보다가 다시 예전의 나로 돌아가고 싶다는 생각이 들었다. 그러고는 덜컥 차를 사버렸다.

고민은 해도 해도 끝이 없다. 겪어보지 못하면 결국 아무것도 모르기 때문이다. 차를 사는 게 좋은 선택일지, 나쁜 선택일지. 그건 차를 산 다음에야 느껴볼 수 있는 법. 내가 걱정했던 것보다 훨씬 행복해질 수도 있고, 내 걱정대로 차를 괜히 샀다는 마음이 들 수도 있다.

하지만 그 모든 건 경험이 된다. 정 아니다 싶으면 차를 되팔면 그만이다. 그 과정에서 금전적으로 손해는 보겠지만, 나는 첫차를 가져본 사람이 되었고, 그건 엄청난 교훈이 될 것이다. 내 삶을 망칠 만한 실수도 아닐뿐더러, 나를 망가지게 할 정도도 아닌데, 나는 왜 이렇게 과하게 걱정했을까.

실수해도 소화를 잘하면 되고, 실수 속에도 경험이라는 영양이 있다는 사실. 연약해진 마음에 다시 단단한 마음을 채워 넣어야겠다. 앞으로 나는 어떤 경험을 하게 될까. 정확히 알 수는 없겠지만, 큰 걱정은 하지 않으려고 한다. 모든 건 겪어봐야 아는 거고, 그 경험은 좋든, 나쁘든 내게 유익할 테니까.

나의 의지로
나아가는 삶

내 인생을 지적하는 사람 중에서 나를 진심으로 걱정해 주는 사람이 몇 없다는 것을 알게 된 이후로는, 나를 잘 모르는 사람들의 말에 좀처럼 흔들리지 않게 됐다. 어차피 삶은 나의 의지대로 나아가는 것. 가끔 내 삶을 기웃거리는 사람들의 말을 정답인 것처럼 받아들일 필요는 없다. 내가 옳다고 생각하는 것을 고르고, 가야 할 것 같은 길로 가면 된다.

정말로 중요한 건 내 삶을 타인에게 의지하지 않는 것. 내가 고른 길을 믿고 나아가는 것. 삶은 나의 의지로 나아가는 것이다. 내가 고른 길이 조금 돌아가는 길이어도, 타인의 말만을 듣고 나아가는 사람의 길보다는 훨씬 아름다운 길이 될 테니까.

비교하지
않는 것

비교는 불행을 몰고 온다. 누구는 얼마를 벌었다더라, 누구는 집을 샀다더라, 누구는 물려받을 재산이 많다더라. 우리는 그런 말들에 좌절을 느끼기보다 '아, 그렇구나'하고 무심하게 맞설 줄 알아야 한다.

내가 갖지 못한 것과 남이 얻은 것에 연연하며 시간과 마음을 낭비해서는 안 된다. 그들이 가진 것들을 보고서, 내가 가진 것들을 하찮게 바라보는 일도 없어야 한다. 그건 내게 아무런 도움이 되지 않는다.

내가 가진 것들도 충분히 값진 것들이다. 내가 땀 흘려 번 돈, 소중한 사람이 선물해 준 것들, 넉넉하지는 않지만 부족하지도 않은 여유로움. 더 빛나고, 더 근사한 것들은 이 세상에 많겠지만 그것들이 있다고 해서 내가 가진 것들이 하찮아지지는 않는다.

세상에는 다양한 삶의 형태가 있다. 이렇게 사는 사람도 있고, 저렇게 사는 사람도 있는 거다. 모두가 똑같은 속도와 방향으로 달려갈 순 없다. 우리는 그저 내가 선택한 이 길을 당당히 걸어가는 데 집중해야 한다. 남들과 비교하느라 내 삶을 갉아먹지 말자. 그들의 기쁨도 축하해주고, 아픔도 위로해 주면서 동시에 내 인생의 주인공으로서 살아가자. 지금 가진 것들에 감사하며 오늘도 묵묵히 내 길을 가면 된다. 그것이야말로 진정한 의미의 성공이 아닐까, 생각한다.

마음을
건넬 수 있을 때

돌아보면, 더 많이 줘서 후회하는 것보다 주지 못해서 후회하는 마음이 훨씬 더 컸다. 이미 건넨 마음은 어쩔 수 없다고 해도, 건네지 못한 마음은 그때가 아니면 영영 주지 못할 때도 많았기에. 이제는 애매하게 마음을 주느니 차라리 확실하게 잘해주고, 건네주는 사람이 되었다.

줄 수 있을 때 주고, 볼 수 있을 때 보고, 표현할 수 있을 때 충분히 표현하는 것. 또다시 뒤늦게 후회하는 일이 없도록, 앞으로는 나를 생각해 주고, 나를 아껴주는 이들을 애매하게 대하지 않아야겠다. 확실한 마음, 차라리 넘치는 마음으로 대해야겠다. 줄 수 있을 때 주고, 잘해줄 수 있을 때 더 잘해주는 사람이 되자.

인생은
후회의 연속

살다 보니 느낀 것 중 하나는, 인생은 후회의 연속이라는 것이다. 산다는 건, 우리 앞에 놓인 선택지를 신중하게 고르며 나아가는 일이다. 뭐가 좋은 선택일지, 나쁜 선택일지 고르지 않고는 알아낼 수 없다. 어쩌면, 좋은 선택은 없을지도 모른다. 좋은 선택인 것 같다가도, 내가 고르지 않은 것들에 대한 아쉬움으로 후회할 때도 있었으니까. 결국 우리에게 중요한 건 후회를 남기지 않는 삶을 바라는 것보다, 후회가 오더라도 무너지지 않는 마음을 가지는 것이 아닐까 싶다. 아쉬운 선택을 했어도, 잘못된 선택을 했어도 만회할 수 있는 내일이 다가올 테니까. 괜찮다. 우리에게는 주워 담을 내일이 있다.

인생은 후회의 연속이고, 그러므로 우리에겐 내일이 있다.
오늘 실수를 했어도 만회할 수 있는 내일이 있고,
내일 또 다른 실수를 해도 우리 앞에 남겨진 날은 수없이 많다.

오늘 삶이 끝난 것처럼 주저앉지 않기를.
우리에게는 다가올 내일이 있으니까.

마음을
두드릴 줄 아는

내가 추구하는 인간관계는 계산하지 않는 것이다. 무언가를 주고 싶으면, 내가 받은 것이 있는지 고민하지 않고 그냥 주는 것. 챙겨주고 싶은 마음이 생기면 챙겨주는 것. 내가 준 마음과 받은 마음이 같지 않아도 괜찮다. 때로는 돌려받지 못하더라도 기꺼이 마음을 건네주고 싶을 때가 있는 법이니까. 고마워할 줄 아는 사람이라면, 내가 좋아하는 사람이라면 계산하지 않고 잘해주고 싶다. 계산기를 두드리는 사람이 아니라, 누군가의 마음을 두드릴 줄 아는 사람이 되고 싶다.

비슷한
결

인간관계가 참 신기한 건 결국 비슷한 사람끼리 모인다는 거다. 내 주변에는 나와 비슷한 사람, 그 사람 옆에는 또 그와 비슷한 사람. 그래서인지 친구의 친구를 만나도 금방 가까워지고, 이상하게 마음이 편해진다. 조금씩 다른 부분도 있지만, 인간관계라는 거대한 숲에서 비슷한 결을 가지고 살아가는 이들이 있다는 것. 그것은 너무나 큰 위로가 된다. 그들과 오랫동안 함께 지내고 싶다.

다 지나갈
걱정이다

우리의 기억은 생각보다 더 빨리 사라진다. 지난주에 뭐 했는지 생각해 보면 선명히 떠오르지 않고, 사흘 전 누구를 만났는지 기억 안 날 때도 있다. 삶이란 그렇다. 좋았던 기억도, 좋지 않은 기억도 빠르게 잊힌다. 그 말은, 한 달 전의 걱정, 일 년 전 잠을 설쳐가며 고민했던 이유, 오늘 당신이 하는 걱정 모두 생각보다 더 빨리 흘러간다는 거다. 그러니 너무 걱정하지 말자. 이건 내 삶을 집어삼킬 걱정이 아니다. 지나갈 걱정이다.

알 수 없이
흘러가는 삶

생각해 보면, 계획하며 인생을 살지는 않았다. 살아가다가 왠지 해야만 할 것 같은 일을 했고, 가야만 할 것 같은 길을 갔다. 만나야 할 것 같은 사람을 만났고, 정신을 차려 보니 지금의 내가 됐다. 살다 보면, 그런 느낌을 받을 때가 있다. 내가 왜 이 길로 가고 있지? 내가 왜 이 일을 하고 있지? 생각해 봐도 이해할 수 없지만 그냥 그럴 때가 왔다고 생각하면 된다. 그러다 보면, 언젠가 또 다른 멋진 곳에 서 있을 수도 있는 게 삶이니까. 어쩌다 보니, 그럭저럭 괜찮은 지금의 내가 된 것처럼.

내 삶은
내가 조종하는 것

살아가다 보면, 누군가 내 삶을 향해 손가락질하거나, 내 삶을 다 안다는 듯이 말할 때가 있다. 한때는 그 말들에 내심 꽤 흔들렸었다. 나의 하루에 확신이 없었고, 타인의 시선이 더 객관적이라고 생각했던 것 같다. 내가 생각한 대로 살기보다는 세상이, 남들이 좋다고 하는 길을 따라가기에 바빴다. 그것이 정답인 줄 알았다.

하지만 사람마다 각자 다른 결을 가지고 있는 것처럼, 우리의 삶도 모두 다른 결로 쓰여있었다. 나와 같은 삶을 살아간 사람은 이전에도, 이후에도 없었다. 내 삶을 온전히 겪어온 사람은 지구의 역사 속에서 오로지 나 하나. 내 처지에 대해서 가장 잘 아는 것도 나 하나.

그런데 왜 그동안 타인의 말에 그렇게 휘둘렸던 걸까. 그들이 내 삶을 잘 아는 것도 아닌데. 내 삶의 주인은 내가 되어야 하고, 내가 감당해야 할 것인데. 이제 더는 타인의 말에 따라 내 삶을 움직이지 않아야겠다고 생각한다. 한 걸음을 걷더라도 나의 의지로,

나의 판단으로 나아가야겠다.

내게 주어진 삶은 나만이 감당할 수 있는 것. 그 누구도 나를 조종하게 둬서는 안 된다. 삶의 파도를 나의 힘으로 이겨내고, 삶의 환희를 나의 힘으로 목격해야만 끝까지 잘 살아갈 수 있다.

사랑이
지나간 자리

사랑은 갑작스럽게 다가와, 내 안 곳곳을 가득 채워준다. 빈틈없이 나를 충만하게 채워준다. 반대로, 이별은 그렇게 채워진 내 안의 모든 것들을 순식간에 앗아간다. 원래 내 것이었던 마음과, 뒤늦게 찾아온 행복, 그 모든 것을. 사랑이 끝나면 공허한 인간이 되어버리는 이유가 바로 그것이다. 사랑이 시작되면 우리는 빈틈없이 행복하다가, 사랑이 끝나면 텅 빈 사람이 되어버린다.

삶도
기계도

오랜만에 한동안 내버려두었던 청소기를 다시 쓰려고 꺼냈더니, 전원은 켜지지만 작동하지 않았다. 분명 보관하기 전까지만 해도 잘 움직이던 것이었는데, 오랜 시간 방치했다는 이유로 제 기능을 잃어버렸다.

가끔 보면, 삶도 기계와 비슷하다고 생각한다. 꾸준함이 없으면, 내가 잘하던 것도 못 하게 될 때가 오고, 익숙하던 일도 어색해지는 순간이 찾아오는 게 아닐까? 시간이 흐른 뒤에도 잃고 싶지 않은 것이라면, 매일 조금씩이라도 움직이고 사용해 줘야 하는 것 같다. 그래야만 기계도, 삶도 삐걱거리지 않고 잘 굴러갈 테니까.

우연

사랑은 늘 우연처럼 시작됐다. 평소라면 가지 않았을 길을 갔을 때, 그날따라 왠지 모르게 한껏 망가졌을 때 사랑은 조용히 내 앞에 다가와 나를 기다리고 있었다. 마치 다 정해져 있었다는 듯이 운명처럼 그곳에 놓여있다가, 약속처럼 서로에게 빠져들어 없어서는 안 될 사람이 된다. 작은 우연이라고 쉽게 생각하지 마라. 사랑은 한 발 내딛는다거나, 뒤를 돌아보는 사소한 우연으로도 평생 함께할 사람을 데려다준다.

행복을
살피는 사람

첫차를 사고, H와 나는 장거리 여행을 자주 다녔다. 한 번 여행을 떠날 때마다 서너 시간 운전은 기본이었다. 나는 보통 차를 얻어 탈 때면 절대 잠을 자지 않으려고 한다. 운전자에 대한 배려도 있고, 미안해서 그렇다.

하지만 내가 운전자가 되면, 이상하게 옆에 있는 사람이 편히 쉬었으면 좋겠다. 피곤한데도 자지 않고 버티거나, 불편해도 참는 건 원하지 않는다.

H는 착한 성격이라서 장거리 여행을 떠나면 늘 내게 미안해했다. 자기만 너무 편하게 있는 것 같다면서, 이래도 되나 싶어 한다. 그럴 때마다 "괜찮아, 괜찮아" 말해주지만, 최근에 또다시 미안한 마음을 표현하길래 이렇게 말해줬다.

「나는 네가 편하게 있는 게 훨씬 좋아. 긴 시간 차 안에 갇혀 있는 것도 얼마나 힘든데. 나는 운전하면서 집중이라도 할 수 있지만, 옆에서는 할 것도 없고 심심할 거 아냐. 피곤하면 자도 되고, 편하게 있어 주면 돼.」

내 불편함보다 타인의 행복에 시선을 두는 삶. 나는 그게 좋다. 착하면 손해 본다는 세상이고, 착하다는 말이 꼭 좋은 것만이 아니라고는 하지만, 어쩔 수 없다.

내 곁에 있는 사람이 행복할 때, 내 행복도 더 커지니까.
앞으로도 내 곁에 있는 사람의 행복을 살피는 사람이 되고 싶다.
그들이 웃는 모습을 보면서, 나도 덩달아 행복해지고 싶다.

비슷비슷한
걱정

카페에 앉아 사람들의 이야기를 들어보면, 생각보다 사소한 일들로 고민하고, 사소한 일들로 마음을 쓴다는 것을 알게 된다. 세상 걱정 없어 보이는 사람들도 말투 하나에 속상했었다고 친구에게 털어놓기도 하고, 걱정하지 않아도 될 것 같은데도 생각보다 더 심하게 걱정한다. 이런 걸 보면, 사람은 다 비슷한 것 같다. 나이가 적든 많든, 비슷한 걱정과 비슷한 고민을 하며 살아가고 있다. 나만 그런 게 아니다. 그 사실에 조금 위안이 된다.

동기부여

내 삶의 가장 큰 동기부여는 멋진 사람이 되고 싶다는 바람이나, 근사한 삶에 대한 갈증이 아니다. 내게 잘해준 고마운 사람들에게 보답하고 싶은 마음. 내가 아끼는 사람들에게 넉넉히 베풀 수 있는 여유. 그것이 나를 살게 한다. 아무리 빛나도, 혼자서는 이 삶을 살아갈 수 없다. 내 삶을 한때 지탱해 준 사람들, 내가 공허할 때 마음을 채워준 사람들. 그들에게 보답하기 위해서라도 이 삶을 끈질기게 살아가고 싶다. 내가 좋아하는 사람들과 행복하게 저물어가는 것. 그게 내가 바라는 삶이고, 내가 꿈꾸는 내일이다.

멀어진
인연에게

시간과 함께 자연스럽게 멀어진 인연이 많지만, 그 인연이 모두 나와 맞지 않는 인연이었냐고 묻는다면, 그건 또 아니다. 그저 연락할 때를 놓쳤거나, 누군가를 만날 틈이 생기지 않아서, 오랜만에 연락하는 일이 낯설어서 멀어진 채로 흘러가고 있는 것일 뿐이다. 그 간격을 좁히는 일이 너무 어렵게 느껴져서, 가까워지고 싶어도 멈춰 서게 되는 것일 뿐이다. 여전히 소중하게 생각하는 인연이 많다.

내게서 멀어진, 아니, 멀어졌다기보다는 서로에게 뜸해진 인연들. 맞지 않아서, 싫어서가 아닌, 어쩌다 보니 떨어져 있는 인연들. 그들에게 말해주고 싶다. 당신은 내게 여전히 소중하고 감사한 인연이라고. 다가설 용기가 나지 않아서, 멀어진 채로 너무 오랜 시간이 흘러서 가까워지지 못하는 거라고.

선택

무언가를 선택하는 것은 무언가를 버리게 되는 것. 하나의 길을 고르고 나아가는 순간, 다른 길은 갈 수 없게 되는 것. 당신의 손을 잡겠다고 결심하는 건, 당신이 아닌 다른 손은 앞으로 잡지 않아도 괜찮겠다고 선언하는 것. 내가 선택한 우주를 온전히 감당해야 하는 것. 누구를 원망할 수도 없는 것. 지난날의 나를 탓할 수도 없는 것. 선택이라는 건 언제나 어렵고, 갑작스러울 것이며, 애매하고도 미묘하리라는 것.

내가
서른이라니

30살이 되면서 인생은 완전히 달라졌다. 29살과 30살은 1년 차이밖에 나지 않지만, 앞자리가 2인 것과 3인 것은 마음가짐부터가 달라진다. 많은 사람들은 20대는 방황하는 시기고, 30대부터는 삶의 윤곽이 어느 정도 잡혀간다고 생각하지만, 내 생각은 조금 다르다.

나는 20대가 오히려 가야 할 길이 명확할 때고, 30대가 방황하는 시기라고 생각한다. 20대일 때는 뭘 해도 괜찮을 것 같고, 시행착오를 겪어도 문제없을 거라고 생각하지만, 서른이 되면 '이 길로 가도 되는 걸까? 이렇게 살아도 괜찮은 걸까?' 자꾸만 불안이 찾아오고 자신이 없어진다. 마치 평생 이렇게 살아야 할 것처럼, 이 길이 틀린 길이면 내 삶은 완전히 망해버릴 거라고 생각한다.

하지만, 인생은 짧지 않고 길다는 것을 생각해 본다면, 애초에 지금 내가 가고 있는 길이 영원하지 않다는 것을 알게 된다. 우리는 평생 한 가지 길로만 나아갈 수는 없고, 앞으로도 나에게는 수많은 길이 있을 거고, 지금 내가 갈 수 있는 길을 고르며 나아가는 것일 뿐이다. 그리고 이 길이 맞는 길인지, 틀린 길인지 알 수 있는 방법은 어차피 계속 나아가봐야 아는 거라고.

앞자리가 바뀐 중압감에 맞는 길을 고르려고 애쓰고, 지금 내가 가고 있는 길이 맞는지 불안해할 시간에 해왔던 일을 열심히 하고, 계획한 일을 차근차근히 해나가는 것이 더 낫다는 것을.

나와 같이 불안으로 살아가고 있는 사람이 있다면 이렇게 말해주고 싶다. 우리의 불안은 잘못된 게 아니고, 우리의 걱정은 이상한 게 아니고, 우리가 해야 할 것은 지금처럼 계속 나아가는 것뿐이라고.

어떻게 살아야 하지 고민할 시간에 어떻게든 나아가는 사람이 다가오는 기회를 잡을 수 있고, 삶의 방향이 바뀌는 바람을 타고 날 수도 있다. 마음속에 불안을 품고 산다면 방황이겠지만, 설렘을 품고 산다면 산책이 되는 것처럼 앞으로의 날들을 너무 불안해하기보다는 설레는 마음으로 맞이하고 싶다. 삶을 정의하기에도, 내가 나아갈 길을 확실히 정해두기에도 지금은 너무 이른 나이니까.

내 삶의
주인이 되는 것

우연히 유튜브에서 법륜스님의 영상을 봤다. 법륜스님이 하신 말씀 중에서 인상 깊었던 건 '수처작주'라는 말이었다. 그건 어떤 순간에서도 주인이 되라는 뜻, 어떤 순간에서도 주도적으로 행동하라는 뜻이었다.

사실 예전의 나는 꽤 주도적인 사람이었다. 고작 스무 살의 나이에 책을 만들기 위해 글을 쓰기 시작했고, 책을 제작해 판매했다. 첫 책을 성공적으로 만들고 나서는 연달아 2권의 책을 추가로 썼고, 출판사에서 제안을 받아 정식 출간까지 했다.

글 쓰는 동료들과 당산에서 글 전시회를 열었고, 작사가가 되고 싶어서 노래 몇 곡에 노랫말을 붙였고, 강연이 하고 싶어서 고등학교와 대학교에서 강연했다. 하고 싶은 게 생기면 주저하지 않았다. 주도적으로 내 삶을 끌어 나갔고, 그게 좋았다.

그런데 어느 순간부터 수동적으로 사는 게 더 편해졌다. 일을 벌

이기보다는 누군가 시키는 일을 완수하고 싶은 마음이 더 커졌고, 하고 싶은 일이 생기면 바로 뛰어들지 않고 더 고민하기 시작했다. 주도적이었던 나는 어느새 사라져 버렸다. 이 삶도 물론 편하고 좋았지만, 점점 의구심이 생겼다. 내 삶을 주도적으로 이끌지 않으니 하고 싶은 것도 점점 사라졌다. 예전에는 거뜬히 해냈을 법한 일들도 이제는 쉽게 시작하지 못할 만큼 두려워졌다.

문득 내 삶을 돌아보게 됐다. 예전의 내가 그립기도 하고, 지금의 내가 아쉽기도 했다. 물론 지금의 삶이 틀렸다고는 생각하지 않는다. 하지만 과거의 내가 훨씬 당당하고 멋있었다는 생각이 들었다. 두려워하지 않고 내 삶의 주인이 되어 살았으니까.

수동적으로 살다 보니 점점 작아지는 내 모습이 싫어졌다. 누군가가 시킨 일만 하는 게 아니라, 스스로 하고 싶은 일을 찾고 행동에 옮기고 싶어졌다. 물론 무모하게 나아가지는 않을 것이다. 다만 내 삶을 조금 더 능동적이고 주도적으로 보내고 싶은 것이다. 내가 정말 원하는 게 무엇인지 고민하고, 그것을 이루기 위해 노력하는 시간을 가져보려 한다.

법륜 스님의 말씀처럼, 이제는 내 인생의 주인으로 살아가고 싶다. 남의 시선에 흔들리지 않고, 내 마음이 원하는 대로 살아가는 것. 그게 진정 내 인생을 사는 방법이 아닐까.

두려움이 앞설 때도 있겠지만, 그럴수록 내 안에 있는 빛을 믿어야겠다. 열정을 잃지 않고, 내 길을 당당히 걸어가는 사람이 되고 싶다. 스무 살의 내가 그랬듯 앞으로도 설레는 마음으로 내일을 만들어가고 싶다. 비록 과거만큼 젊지는 않지만, 그때의 용기만은 잃지 않고 싶다.

조금은
이기적인 마음으로

가끔은 이기적인 마음이 필요할 때가 있다. 누군가의 행복을 빼앗거나, 나 혼자만 가지려고 하는 이기심이 아니라 내가 죽을 만큼 힘들고 괴로울 때 나 자신을 지켜내기 위해 조금은 이기적으로 생각해야 할 때가 있다. 이 세상에는 자신이 무너져 내릴 것 같은 때에도 누군가를 위해 참아내는 사람이 있다. 물론 타인을 위하는 마음은 아름답고, 값진 것이지만 '나'를 지켜내지 못한다면 그 모든 건 아무런 소용 없다. 이 삶을 살아가면서 가장 먼저 갖춰야 하는 건 나를 돌보는 일.

인연의
깊이

살아가다 보면 인연이라는 게 참 신기하다는 생각이 든다. 우연히 만난 사람과 평생을 함께 하기도 하고, 오래전부터 알던 이가 어느 순간 남보다 못한 사이가 되기도 하니까. 나 역시 한때는 깊은 인연은 오랜 시간을 함께해야만 만들어진다고 여겼다. 하지만 세월이 흐르고 나이를 먹어가며 깨달은 건, 진정한 인연은 시간의 때를 가리지 않는다는 거였다.

스무 살, 작가의 길에 들어서면서 만난 한 선배 작가와 나는 무척 통했다. 서로의 글에 대해, 인생에 대해 늘 깊이 있는 대화를 나누었다. 그땐 지나가는 인연 중 하나라고 생각했는데, 세월이 흘러 우린 지금까지도 서로의 글을 첫 번째로 읽어주는 사이가 되었다.

반면 10년 넘게 알고 지낸 친구와는 어느 순간 멀어졌다. 서로 바라보는 세상이 달라졌고, 애써 만나도 마음의 거리만 점점 멀어져 갔다. 함께 보낸 시간이 길다고 해서 반드시 깊은 인연이 되는 건 아니었다. 이런 경험을 통해 나는 깨달았다. 진정한 인연이란, 함께 한 시간의 길고 짧음으로 측정되는 게 아니라는 것을. 오히려 그 관계 속에서 서로의 진심을 나누고, 마음속으로 얼마나 깊이 공명하는지가 중요하다는 것을.

시간은 인연의 깊이를 보장하지 못한다. 그런 이유로 앞으로 맞이할 새로운 인연들 앞에서는 시간에 휘둘리지 않고 마음 열고 다가가 보려고 한다. 마음이 통하면 함께한 시간이 짧든, 길든 아무런 관계 없이 서로에게 깊은 사이가 될 테니까.

이제는 낯선 만남도 기꺼이 반길 것이다. 애써 벽을 세우지 않고, 거리 두지 않고 두근거리는 마음으로 인연을 맞이하기로 했다.

넓고
다양한 세상

불쑥 아무런 연고도 없는 곳에 떨어지고 싶었다. 발길 닿는 모든 곳이 처음인 곳. 한 번도 마주친 적 없는 사람들로 가득한 곳. 어떤 모습을 하고 누구를 마주치든 민망하지 않은 곳. 이런 마음이 든 이유는 의외로 간단했다. 세상을 다 안다고 착각하는 내가 싫었기 때문이었다. 익숙함에 갇혀 사는 게 답답해져서, 최대한 낯선 곳으로 가보고 싶었다.

기차표를 예매하기 위해 앱을 열었다. 도착역을 검색하고, 갈 수 있는 곳들을 찾아봤다. 그때 든 생각은 '무슨 역이 이렇게나 많아?'였다. 세상을 다 알고 있다고 생각했는데 내가 모르는 세상은 이미 이렇게 빼곡히 존재하고 있었다.

어디를 갈까 하다가, 그냥 느낌이 오는 역을 골랐다. 그곳에 대해 아는 건 아무것도 없었지만, 괜찮았다. 아무런 정보 없이, 백지상태로 그곳에 가 보고 싶었다. 기차에 올라 자리에 앉자마자 밀려드는 기대감이 좋았다. 창밖으로 스쳐 지나가는 익숙한 풍경들과

작별하는 기분, 점점 풍경이 낯설어지고 읽어본 적 없는 역명들이 지나가는 순간. 가슴이 두근거렸다. 내가 모르는 세상으로 향하고 있다는 실감이 났다.

역에 도착해 내리자, 공기부터가 달랐다. 익숙함이라고는 눈곱만큼도 찾아볼 수 없는 곳. 모든 게 새롭고 신선했다. 역을 나와 발길 닿는 대로 한참을 걷다 작은 공원에 앉았다. 주변을 둘러보니 일상을 즐기는 사람들이 있었다. 그네를 타는 아이, 강아지와 산책하는 노인, 벤치에서 책을 읽는 학생. 그들에겐 이 풍경이 지극히 평범할 테지만 내겐 모든 게 새로웠다.

그 순간 깨달았다. 세상이 얼마나 넓고 다양한지. 그리고 그 속에서 내가 얼마나 작은 존재인지. 이 넓은 세상 속 그저 작은 점에 불과했던 내가, 세상 다 안다는 듯이 살았다니. 그게 얼마나 우스꽝스러운 일인지 새삼 깨닫게 되는 순간이었다. 앞으로 더 많은 곳으로 떠나야겠다. 내가 모르는 세상은 여전히 수없이 펼쳐져 있고, 내가 아는 세상은 극히 일부일 뿐이니까. 내가 아는 사람보다 모르는 사람이 더 많고, 내가 겪은 것보다 아직 겪지 못한 것들이 더 많을 테니까.

세상을 다 안다고 생각하거나, 모든 것을 깨달았다는 안일한 착각은 하지 않아야겠다. 나는 세상에 놓인 작은 먼지 한 톨, 오래오래 정처 없이 유랑할 수 있었으면 좋겠다.

영원은
원래 희박하다

고작 일 년 동안에도 하루는 365번, 달은 12번, 계절은 4번이나 바뀌는데, 몇십 년을 살아가면서 사람이 변하고, 인연이 떠나가고, 사랑을 잃어버리는 게 그렇게 이상한 일일까요? 변화는 자연스럽고, 영원은 애초에 희박한 것입니다. 붙잡고 싶은 것이 있다면, 더 대단한 마음으로 사랑하세요. 잃기 싫은 마음으로 애쓰는 게 아니라, 이미 한 번 잃어본 사람처럼 간절하게. 전부를 걸겠다는 마음이 아니라, 이미 모든 것을 걸어버린 사람처럼 뜨겁게.

여행과 인생은
한 끗 차이

친누나와 함께한 유럽 여행 중 있었던 일이다. 인터라켄에서의 일정을 마치고 이탈리아 피렌체로 향하기 위해 우리는 세 번의 기차를 갈아타야 했다.

인터라켄에서 스피츠, 스피츠에서 밀라노, 그리고 밀라노에서 피렌체로 가는 여정이었다. 여러 번 갈아타야 한다는 사실에 조금은 걱정이 됐지만, 린던과 파리를 거쳐 인터라켄까지 무사히 도착한 경험이 있었기에 크게 문제 될 것 같지 않았다.

인터라켄에서 스피츠까지는 20분 남짓의 짧은 거리였다. 우리는 예정대로 스피츠 역에 내려 밀라노행 기차를 기다렸고, 다행히 기차는 정시에 도착했다.

기분 좋게 탑승해 예약한 좌석을 찾았는데, 그곳에는 이미 누군가 앉아 있었다. 당황한 우리는 표와 좌석 번호를 번갈아 확인했지만, 분명 우리의 자리가 맞았다. 서울역에서 부산역으로 가는

KTX였다면 우리의 자리가 맞다고 당당히 확신할 수 있었겠지만, 유럽의 기차가 낯선 우리는 확신이 아닌 불신을 하게 됐다. 이 기차는 두 개의 열차가 연결된 형태로, 각기 다른 목적지로 향한다는 사실이 우리를 더 불안하게 만들었다. 우리는 서둘러 다른 객차로 옮겨갔고, 그때만 해도 서로 안도하는 눈빛을 주고받았다.

기차가 출발하고 우리는 캐리어를 보관한 뒤 예약한 좌석을 찾으려 했는데, 이번엔 좌석 번호가 아예 보이지 않았다. 당황한 우리는 승무원에게 물었고, 그제야 우리가 잘못된 열차에 탔다는 것을 알게 되었다. 머릿속이 하얘졌고, 식은땀이 흘렀다. 아까 그 자리가 우리의 자리였다는 사실을 뒤늦게 깨달았다. 불안함에 객차를 옮겼던 것이 실수였다.

막막한 기분에 어쩔 줄 몰라 할 때, 승무원이 다행스럽게도 다음 정차역에서 우리가 원래 타야 했던 열차로 갈아탈 시간이 있다고 알려주었다. 우리는 안도의 한숨을 내쉬었고, 역에 도착하자마자

무거운 캐리어를 끌고 미친 듯이 뛰기 시작했다. 인파를 헤치며 간신히 제 열차에 탑승한 우리는 그제야 서로를 바라보며 웃음을 터뜨렸다. 그 순간이 얼마나 우스웠던지, 그리고 무사히 그 고비를 넘긴 것이 얼마나 다행스러웠던지.

돌이켜보면 인생은 이런 여행과 닮은 것 같다. 옳다고 생각한 선택이 때로는 우리를 전혀 예상하지 못한 길로 이끌기도 한다. 하지만 중요한 건 포기하지 않는 마음가짐이다. 비록 낯설고 두려운 길일지라도 용기 내어 한 걸음 내디디다 보면 결국 우리가 가야 할 곳에 닿을 수 있다.

옆에서 손을 잡아주고 함께 걸어갈 동행이 있다면 그 길은 더욱 의미 있는 여정이 된다. 여행은 단지 목적지에 도착하는 것만이 아니다. 그 길 위에서 겪는 작은 실수들, 만나는 사람들, 그리고 서로 기대며 나눈 웃음과 눈물이 있기에, 여행은 그 자체로 소중한 추억이 된다. 인생이라는 여정도 마찬가지다. 때로는 실수하고 방황할지라도, 옆을 돌아보면 손을 내밀어 줄 누군가가 있음을 기억하자. 포기하지 않고 함께 걸어가다 보면, 결국 우리가 바라던 곳에 닿을 수 있을 것이다. 그 모든 과정이, 우리 삶을 더 빛나게 만들어줄 테니까.

충분히
의미 있는 삶이다

삶의 의미를 찾아 헤매던 시절이 있었다. 인생의 목적이 무엇인지, 내가 이루어야 할 것은 무엇인지 끊임없이 고민하고 방황했다. 마치 무언가 대단한 목적을 이루어야만 삶이 완성될 것처럼, 그런 생각이 머릿속을 떠나지 않았다.

하지만 어느 순간, 문득 깨달음이 스쳐 지나갔다. 삶에는 어쩌면 우리가 생각하는 그럴듯한 의미 따윈 없는 게 아닐까. 우리에게 주어진 건 그저 '살아가는 것' 그 자체일지도 모른다는 생각이 들었다.

그렇다. 숨 쉬고, 밥 먹고, 잠들고, 다시 눈을 뜨는 이 모든 일상의 순간순간이 바로 삶의 전부일지도 모른다. 거창한 이상을 좇을 필요도, 끝없이 체크리스트를 만들어 성취해야 할 필요도 없다. 그저 우리가 주어진 하루하루를, 그 순간을 온전히 살아내면 그만이다.

지금, 이 순간 우리 곁에 있는 사소한 것들에 눈을 돌려보자. 출근길에 마주친 행인의 미소, 점심시간에 먹은 따뜻한 음식, 사랑하는 사람과의 저녁 식사. 이 모든 것이 우리 삶을 채워가는 소중한 조각들이다. 하지만 우리는 너무 쉽게 이 소중한 순간들을 잊어버린다. 더 크고, 더 중요한 의미를 찾느라.

인생은 어쩌면 단순한 것일지도 모른다. 주어진 순간을 따뜻한 마음으로 껴안고, 온 감각으로 느끼며 살아가는 것. 사랑하고, 웃고, 때론 울기도 하면서 그저 살아가는 것. 그것이 우리가 해야 할 전부일지도 모른다.

그러니 어설픈 의미를 붙잡으려 애쓰지 말자. 마음을 복잡하게 만드는 잡념들을 걷어내고, 지금 여기에 충실해 보자. 우리가 걸어가는 이 작은 발걸음 하나하나가, 그 자체로 의미 있는 것일지도 모른다.

어쩌면 우리는 계속 어딘가를 향해 달려가느라, 지금 우리가 서 있는 자리가 얼마나 빛나고 있는지를 잊고 사는지도 모른다. 우리가 바라보는 세상, 우리가 품은 사랑, 우리가 나누는 작은 행복은 그 자체로 충분히 의미 있고 가치 있다. 삶은 그렇게 작고 소박한 것들의 총합이다.

우리는 그저 이 순간을 진심으로 살아가면 된다. 숨 쉬는 것에 감사하며, 마주치는 사람들에게 친절을 베풀며, 각자 우리만의 이야기를 한 페이지씩 써 내려가면서. 그것이 바로 우리에게 주어진 삶의 방식이다. 의미를 찾으려 애쓰지 않아도, 이미 충분히 의미 있는 삶이니까.

청춘은
선물이다

청춘은 우리에게 주어진 선물 같은 시간이다. 세상의 온기를 느끼고, 계절의 변화를 만끽하며, 어린 시절의 추억을 되새기는 시기. 우는 법을 배우고, 이별의 아픔을 경험하고, 평일 아침 출근을 위해 바쁘게 나아가는 사람들과 반대로 걸으며 현실을 깨닫는 시기. 커피 한 잔의 여유, 누군가와 나누는 깊은 대화, 꿈을 향해 나아가는 과정. 그 모든 조각을 모아 나를 빚는 시간이다.

청춘을 지날 때는 내일이 두렵기도 하지만 동시에 가슴 벅차오르는 순간을 맞이한다. 그 시기를 우리는 잘 건너가야만 한다. 후회 없이, 마음껏 살아가야만 한다. 우리에게 주어진 이 선물 같은 시간은 그때가 아니면 다시는 찾아오지 않는 유일한 시간이다. 청춘이라는 계절은 너무나도 짧다. 마음껏 주무르고 무엇이든 되어보자. 청춘은 그래야만 한다.

내가 남긴
사랑

인생의 마지막에서 삶을 뒤돌아보면 우리가 그토록 목숨 걸고 쫓았던 것들이 실은 그리 대단치 않았구나 깨닫게 될 것이다. 돈을 벌기 위해 자존심을 구겼던 일도, 꽉 막힌 출근길 때문에 답답했던 기억도, 긴 시간 노력했지만, 원하는 결과를 얻지 못해 허탈했던 일도 이 세상을 떠나는 순간 아무 소용이 없어질 테니까.

인생이 끝나면 남는 것은 결국 내가 남긴 사랑이다. 사랑하는 사람, 소중한 친구, 직장동료, 가족. 그들에게 남긴 사랑만이 나를 떠올리게 할 것이다.

그러니 더 많이 사랑하고, 더 다정해져야겠다. 사랑하는 사람과의 시간을 더 많이 보내려고 애써야겠다. 우리가 인생의 마지막에서 후회하게 될 건 더 많은 성공을 이루지 못했던 일이 아니라 사랑하는 이들과 더 많은 시간을 함께하지 못한 순간들일 테니까.

훗날 누군가가 나를 추억할 때, "사랑이 많았던 사람이었어."라는 말을 건네줄 수 있다면 그것으로 충분하지 않을까. 내가 살아온 시간이 헛되지 않았고, 이 세상에 온기를 더했다고 말할 수 있는 삶.

마지막 순간에 미소 지으며 손 흔들 수 있도록. 후회 없이 사랑했다고 말할 수 있도록. 우리에게 주어진 시간 속에서, 최선을 다해 사랑하며 살아가는 것. 그것이 바로 우리에게 허락된 가장 아름답고 의미 있는 삶의 방식일 것이다.

진정한
내 편

살면서 느낀 것 중 하나는 가까운 사람이라고 해서 항상 내 편은 아니라는 것이다. 때로는 나와 다른 생각을 할 수도 있고, 나와 반대되는 뜻에 설 수도 있다. 어렸을 때는 그것이 정말 쓰라리고 아프게 느껴졌지만, 이제는 그렇지 않다.

무조건 내 편인 사람보다는 나를 옳은 방향으로 이끌어주는 사람이 훨씬 소중하다는 것을 알게 되었기 때문이다. 나와 의견이 다르더라도, 내가 가야 할 길을 함께 고민해 주고, 아닌 건 아니라고 말해줄 수 있는 사람이야말로 내 곁에 있어야 할 사람이 아닐까? 그런 사람이야말로 진정한 내 편일 테고.

방파제

좋은 사람을 곁에 두었다는 건 하나의 방파제가 생긴 것과 같다. 힘든 일이 전부 사라지지는 않지만, 나를 집어삼킬 만큼의 거대한 파도가 밀려오더라도 곁에 좋은 사람이 있다면 덕분에 버틸 만하게 된다. 좋은 관계란 그런 것이 아닐까? 행복한 일에는 행복을 더해주고, 슬픈 일에는 슬픔을 덜어주는 딱 그 정도의 기능. 그것만으로도 관계는 쓸모 있다.

나는 너에게로 밀려오는 파도를 막아주고, 너는 나를 휘청거리게 만드는 바람을 막아주면서 살아간다면, 그 어떤 재해가 닥쳐와도 소나기에 젖는 정도로 끝날 수 있지 않을까 싶다. 그 어떤 순간이 와도 버텨낼 수 있을 것 같다.

별거 아닌
걱정이다

인생을 살다 보면 내게 근본적인 문제가 있다는 생각이 들 때가 있다. 뭐 하나 내 뜻대로 되는 일도 없고, 주변은 온통 엉망진창인 것만 같을 때. 그런 순간에는 모든 게 헛되고, 공허하기만 하다. 이 삶 전체가 의미 없어 보이고, 눈앞이 깜깜해진다. 설상가상으로, 말할 사람 하나 없는 쓸쓸함까지 밀려와 더욱 견디기 어려워지기도 한다.

하지만 알고 보면 별거 아니었던 것들이 나를 짓누르고 있었다는 걸 깨닫게 된다. 며칠간 쌓인 피로가 겹치고, 잠깐의 외로움이 겹쳐서 그런 것일 뿐인데 나 자신이 완전히 망가졌다고 착각하는 것이다.

돌이켜 보면 우리는 너무 사소한 일에 연연해한다. 조금만 지치고 불안해도, 작은 일에 쉽게 무너지곤 한다. 실패자인 것처럼 자신을 질책하지만, 그럴 필요 없다. 누구나 가끔은 주저앉고, 누구나 모든 것이 잘못된 것처럼 느낄 때가 있다. 완벽해야 한다는 강박에서 벗어나야 한다. 나는 완벽할 수 없다는 사실을 받아들이고, 그런 나 자신을 있는 그대로 인정해야 한다. 그것이 지금의 나에게 가장 필요한 일이 아닐까. 나는 불완전해도 괜찮고, 가끔은 주저앉아도 된다는 걸 깨달을 때, 비로소 앞으로 나아갈 힘을 얻게 된다고 믿는다.

내일이면 해가 또 뜰 것이다. 지금껏 나는 숱한 고비를 이겨냈다. 견딜 수 없을 것만 같았던 시련도, 끝이 보이지 않던 터널도 결국 지나왔다. 그러니 지금, 이 순간도 버텨낼 수 있다. 비틀거리고 상처 입더라도, 우리는 다시 일어설 수 있다.

나의 본질적인 가치는 절대 상하지 않는다. 아무리 어두컴컴한 길이라고 해도 한 걸음씩 나아가다 보면 어느새 다시 햇살이 비춰올 것이다. 우리는 계속해서 이겨낼 수 있다. 지금껏 우리가 어떻게든 견뎌온 것처럼.

거절할
용기

친구의 옷을 쇼핑하러 백화점에 갔던 날이었다. 여러 브랜드를 돌아다니다가 한 매장에 들어갔는데, 점원이 적극적으로 옷을 추천해 줬다. 친구가 평소에 즐겨 입던 스타일은 아니었지만, 요즘 이런 게 인기가 많다며 대뜸 들이밀었다.

친구는 잠시 망설이더니, 점원의 성의를 무시하기도 미안한 마음에 거울을 보며 자신의 몸에 옷을 대봤다. 내가 보기엔 썩 마음에 들어 하지 않는 것 같았다. 어색한 표정과 떨떠름한 웃음. 거절하기에 미안해서 쉽게 싫다고 말하지 못하는 듯했다.

그런 친구를 보며 나는 말했다. "솔직히 말해봐. 너 그거 별로지? 아닌 것 같으면 그냥 아닌 것 같다고 말해도 돼." 순간 친구의 얼굴이 밝아지더니 고개를 끄덕였다. 그러고는 용기를 내 점원에게 감사하지만, 자신의 취향은 아닌 것 같다고 말했다.

사실 우리는 모두 누군가의 권유나 분위기에 휩쓸려, 원치 않는 선택을 했던 적이 있을 것이다. 때로는 단호하게 거절하지 못해, 괜한 일에 시간과 돈을 낭비했던 순간도 있었을 것이다. 하지만 그렇게 휩쓸리기만 한다면, 내 의지로 살아가는 순간은 생에 단 한 번도 없을지 모른다.

무조건 따르기보다는 내 마음의 소리에 귀 기울이는 것. 상대방의 눈치를 보느라 내 마음을 억누르지 않는 것. 정말 내가 원하는 일인지 스스로에게 물어보고 선택하는 것. 아니라고 생각하면 단호하게 "아니요"라고 말할 줄 아는 것. 내키지 않는 일에는 "싫습니다"라고 당당히 표현할 줄 아는 용기. 우리에겐 바로 그런 용기가 필요하다.

닮아가는
마음

사랑은 다른 존재였던 두 사람을 점점 닮게 만든다.
전혀 계획적이지 않던 사람이 정반대인 사람을 만나
조금은 계획적인 사람이 되고
계획적이었던 사람 또한 조금은 즉흥적인 사람이 되어간다.
큰 변화는 아니지만 사랑은 그런 식으로 서로를 이어준다.
그렇게 변해가는 내 모습과 우리의 모습이 마음에 든다면
어쩌면 좋은 사랑을 하고 있다는 의미일지도 모르겠다.

Brooks
Was Here

좋아하는 영화 '쇼생크 탈출'에서 이런 장면이 나온다.

교도소에서 50년간 모범수로 지낸 브룩스에게 어느 날 가석방 허가가 내려진다. 보통 사람이라면 좋아했겠지만, 무슨 일인지 브룩스는 동료 죄수를 칼로 위협하고 난동을 피우며 "자신을 쫓아내지 말라"고 외친다.

무려 50년. 사람이 100년 산다고 치면 인생의 절반을 교도소에서 보낸 브룩스에게는, 가석방의 기쁨보다 낯선 세상에 대한 두려움이 더 컸다. 자신이 잘 알고 있고, 익숙하며, 오히려 안전하다고 느끼는 감옥에서 벗어나기 싫어 몸부림쳤지만 결국 가석방되고 만다.

자신이 알던 세상과 너무나도 달라진 바깥세상. 마트에서 일도 해보고, 일상을 살아가 보지만 결국 적응하지 못하고 스스로 생을 마감하고야 만다. 벽에 'Brooks Was Here.'라는 말을 새긴 채.

브룩스의 이야기는 우리에게 많은 생각거리를 던져준다. 50년이라는 긴 세월 동안 감옥이라는 틀 안에 갇혀 있던 브룩스에게, 감옥은 오히려 편안하고 익숙한 공간이었다. 변화를 두려워하고, 익숙함에 안주하려는 모습. 비단 브룩스만의 이야기는 아니라고 느껴졌다. 나 또한 그랬던 적이 있었으니까. 현실에 안주하며 살았던 때가 있었으니까.

하지만 브룩스의 최후가 보여주듯, 진정한 자유와 행복은 익숙함 속에서 오는 게 아니다. 변화를 받아들이고, 세상을 향해 한 걸음 내디딜 용기가 있어야만 비로소 우리는 성장할 수 있다.

설령 그 과정이 고통스럽고 두렵더라도, 앞으로 나아가는 것만이 우리가 선택할 수 있는 유일한 길이다.

브룩스는 떠났지만, 그의 메시지는 남았다. 우리가 세상에 존재함을, 그리고 앞으로도 나아가야 함을 일깨워주는 의미로. 우리 모두 우리만의 이야기로 하루하루를 채워나갈 수 있었으면 좋겠다. 두려움과 익숙함의 틀을 깨고, 흘러갈 수 있었으면 좋겠다.

'Brooks Was Here.'을 마음속에 새기며 생각한다. '한때 내가 있었다.'가 아닌, '지금 나는 여기 있다.'라고 말할 줄 아는 사람이 되기 위해 멈추지 않고 나아가야겠다고. 그럼에도 벅찰 때가 오면 브룩스가 남긴 말을 보며 힘을 내겠다고.

빛을
품은 사람

꿋꿋이 자신의 길을 나아가는 사람에게는 뭐라 형용할 수 없는 빛이 새어 나온다. 부드러우면서도 단단한 듯한, 흔들리면서도 꺾이지 않을 듯한 기운이 있다.

세상이 어떻든, 주변 사람이 뭐라고 하든 자신이 옳다고 생각하는 길로 나아가는 건 절대로 쉬운 일이 아니다. 자기 자신을 믿지 못하면 불가능한 일. 매일 마음속에 단단한 각오를 새롭게 채워 넣어야만 가능한 일. 숱한 의심과 불안을 이겨낼 줄 알아야 하는 일.

그들을 보면 경외감마저 든다. 어떻게 저렇게 자신만의 길을 갈 수 있을까. 세상의 잣대로 재단되지 않고, 타인의 기준에 휘둘리지 않고 당당하게 나아갈 수 있을까. 그건 아마도 자신에 대한 깊은 믿음이겠지. 내가 가는 길이 옳은 길이라는 확신. 아니, 적어도 내게는 의미 있는 길이라는 믿음.

주저앉고 싶을 때마다, 흔들릴 때마다 나는 그 빛을 떠올린다. 자신이 믿는 길을 묵묵히 걸어가는 이들의 눈빛을. 흠집 가득하지만, 오히려 더욱 강인해 보이는 그 빛을. 그러다 보면 언젠가는 나도 그런 빛을 가진 사람이 되지 않을까. 넘어지고, 깨지더라도 결국 다시 일어선다면. 끝내 멈추지 않는다면.

실패는
멋진 흔적이다

어디서 '실패는 성공으로 가는 과정일 뿐이다.'라는 말을 들었다.

어떻게 보면 맞는 말이다. 한 번의 성공을 위해서는 수많은 실패가 동반되어야 하는 일이니까. 하지만 한 번의 성공을 이뤄내면 그 모든 실패가 아무 의미 없는 것이 되나?

생각해 보면 그건 또 아니다. 실패는 평생 기억되고, 나의 뒤를 졸졸 따라온다. 몇 번의 성공을 이뤄내도 내가 했던 실패는 잊히지 않는다.

살다 보면 실패를 극도로 두려워하는 사람들이 많다. 잘 안될까 봐, 틀릴까 봐 시도조차 하지 못한다. 그들에게 '실패는 성공으로 가는 과정일 뿐이야.'라고 말해주면 어떤 반응을 보일까?

"실패는 그냥 실패일 뿐이지."라고 말하지 않을까.
나는 그들에게 이렇게 말해주고 싶다. 실패는 성공으로 가는 과정일 뿐만 아니라, 살아가면서 우리 뒤를 졸졸 따라다닐 꼬리표가 될 거라고. 성공을 이뤄냈다고 해서 잊히거나, 없어지는 게 아니라 좋든, 싫든 영원히 함께일 거라고. 하지만 그게 오히려 더 멋진 거 같다고.

숱한 실패를 겪고서도 성공을 이뤄낸 사람. 아무런 실패도 없이 단번에 성공한 사람도 멋있지만, 정말로 대단하다고 생각되는 건 수십 번의 좌절에도 멈추지 않고 이겨내서 성공한 사람이다. 자신에게 달린 수많은 꼬리표를 알면서도 개의치 않고 나아간 사람이다.

실패는 숨길 것도, 지울 것도 아니다. 살아가면서 반드시 마주칠 수밖에 없는 것이고, 조금 더 나은 내가 되는 법을 알려주는 오답 노트다. 앞으로도 수없이 많은 실패가 우리를 기다리고 있겠지만 괜찮다. 그건 부끄러운 일이 아니니까. 실패는 나의 못난 흔적이 아니라, 용감하게 뛰어든 흔적이니까. 앞으로도 더 많은 실패를 겪고 싶다. 그건 곧 나를 성장시키는 경험이 되니까. 실패를 겪으며 나는 더 단단해지고, 깊어질 테니까. 두려움에 빠져 아무것도 하지 않는 것보다는, 넘어지는 게 싫어 뛰지도 못하는 사람이 되기보다는, 어떻게 되든 나아가는 사람이 되고 싶다.

나의
속도로

삶은 같은 속도로 흘러가지 않는다.

누군가는 빠르게 목표에 도달하고, 누군가는 조금 느리게 성공하며, 누군가는 인생이 끝나갈 때쯤 전성기를 맞이한다.

살다 보면 나보다 빠르게 삶의 윤곽이 잡혀가는 사람들을 보며 초조해질 때가 있다. 나는 아직 밑그림도 제대로 못 그린 것 같은데, 채색까지 완벽히 끝낸 사람들을 보며 상대적으로 좌절감을 느낀다.

살아가며 느낀 것 중 하나는, 우리 모두에게는 자신만의 적절한 때가 있다는 것이다. 누군가는 빠른 속도로 인생의 정점을 찍고, 누군가는 느리지만 꾸준히 성장하며 나아간다. 그 누구도 뒤처지는 게 아니다. 단지 자신만의 속도가 있을 뿐이고, 그 속도에 맞춰 최선을 다해 나아가면 되는 것.

인생의 그림은 언제든 완성될 수 있다. 꼭 누군가처럼 20대에 이뤄내야만 하는 것도 아니고, 30대라도, 40대라도, 아니 그보다 더 늦은 나이라도 괜찮다. 남들보다 느린 것 같아 조급해질 때가 있더라도, 낙담하거나 포기하지 않는다면 언젠가는 꿈꾸던 곳에 닿을 수 있으니까.

남들의 속도를 의식하며 나의 발걸음을 멈추지 말자. 언젠가 우리의 그림은 완성될 것이고, 지금도 조금씩 그려지고 있으니까.

오늘은 몇 분이나
행복했나요

인생을 살다 보면 수많은 선택의 기로에 서게 된다.

가족과 보내는 시간, 일에 열중하는 시간, 자신을 위해 투자하는 시간, 행복을 위한 시간까지. 하루는 고작 24시간인데 해야 할 일은 너무 많다. 이 모든 것을 다 잡으려다 보면 시간은 턱없이 모자라고, 삶의 질은 떨어지기 쉽다.

그래서 삶에는 우선순위가 필요하다. 모든 것을 다 해내려고 애쓰다 보면, 정작 하나도 제대로 못 하게 될 때가 많으니까. 정말 소중한 것이 무엇인지, 지금 해야 할 것이 무엇인지 고민하고, 순서대로 내 시간과 에너지를 쏟아야 한다.

물론 쉽지는 않다. 포기해야 할 것들이 생기기에 마음이 아플 수도 있고, 주변의 시선이 두려워 망설여질 때도 있다. 하지만 우선순위가 없으면 내 삶은 서서히 꼬여 아무것도 제대로 할 수 없는 상황에 직면하게 된다.

인생은 한 번뿐이고, 하루는 고작 24시간이다. 잠에서 깨어나 실제로 활동하는 시간까지 고려하면 훨씬 적어진다. 그 한정된 시간을 어디에 쓰고, 어떻게 쓸 것인지는 오롯이 나의 몫이다.

많은 것을 쫓기보다는 정말 소중한 몇 가지에 충실히 하는 것. 어쩌면 그것이 치열한 삶 속에서 우리가 꼭 챙겨야 할 마음가짐이 아닐까.

후회 없이 살고 싶다. 모든 것을 다 가지지는 못할지라도, 반드시 챙겨야 할 것들은 잊지 않는 사람. 한정적인 시간 속에서도 나의 행복을 우선으로 생각할 줄 아는 사람.

24시간 중 몇 분이라도 웃으며 지낼 줄 아는 사람.
그런 사람이 되고 싶다.

고마운 일은
너무나 많다

세상을 살다 보면 고마운 일이 참 많다.

자세히 생각해 보면 오늘 하루에도 고마움을 느꼈던 순간은 생각보다 많다. 출근길 차선 변경을 위해 깜빡이를 켰는데 멈춰 서서 기다려 준 차, 무거운 짐을 들고 버스에 올라탔는데 "내가 들어줄게요"라며 도와주는 사람, 승강기를 타러 달려가는데 열림 버튼을 눌러 기다려준 사람.

이렇게나 고마운 일들이 많은데, 우리는 안타깝게도 그런 친절들을 금세 잊어버리곤 한다. 하루를 보내고 집에 돌아오면 누군가에게 고마움을 느꼈던 순간보다, 마음속을 채운 화나는 순간들이 더 많이 떠오르니까.

나의 하루를, 나의 삶을 뒤돌아보면 기분 나빴던 일보다, 행복했던 일들이 더 많이 떠오를 수 있도록 나는 감사 일기를 쓰기로 했다. 오늘 누군가가 내게 베풀어 준 친절, 내 마음이 환하게 웃었던 순간. 그 행복했던 순간들을 메모하고 기록하기 시작했다.

누군가의 도움으로 버티고, 누군가의 배려로 살아갈 수 있었던 순간. 그 순간들이 있었기에 지금껏 힘을 내며 살 수 있었던 거니까. 모든 고마움을 기억할 수는 없겠지만, 모든 고마움을 잊지 않겠다는 마음으로 기록해야겠다.

세상은 우리가 생각하는 것보다 더 아름답고 친절한 곳일지도 모른다. 지나치기 쉬운, 잊기 쉬운 고마움을 놓치지 않고 기억하자.

어제보다
한 걸음 더

스스로 성장한다고 느꼈던 때는 비교하고 경쟁하던 때였다. 다만, 타인이 아닌 '어제의 나 자신'과의 비교였다.

비교에는 함정이 있다. 밑도 끝도 없고, 큰 의미도 없다. 태어난 곳도, 살아온 환경도, 가치관도 다 다르므로. 그러나 어제의 나는 명확하다. 어제 내가 어떤 것을 했는지, 어제 내가 글 몇 편을 썼는지, 어제 내가 몇 시에 일어났는지 스스로 너무나도 잘 알고 있으니까.

어제보다 일찍 일어나기, 어제보다 책 한 권 더 읽기, 어제보다 조금 더 많은 글 쓰기. 작고 사소해 보이는 목표였지만, 그것들을 해내다 보니 내 삶에 커다란 변화가 생겼다. 원하는 시간에 일어날 수 있게 되었고, 독서량이 늘어나며, 글 쓰는 일이 더 쉬워졌다.

물론 순탄치만은 않았다. 가끔은 어제만 못한 날도 있었고, 거꾸로 가기도 했다. 제자리걸음일 때도 많았고, 전혀 나아지는 것 같지 않을 때도 있었다. 하지만 그럴 때마다 마음을 다잡았다. "언제나 어제의 나보다 한 걸음 더 걷는 사람이 될 수는 없으니까. 더 나아지겠다는 마음을 품고 살아가는 것만으로도 괜찮다"라고.

어제의 나를 기준 삼아 오늘의 나는 얼마나 달라졌는지 돌아보는 습관. 그것은 우리를 무기력하게 만드는 무의미한 비교에서 벗어나게 해준다.

그러니 오늘도 어제의 나를 뛰어넘는 도전을 멈추지 말자. 작은 변화로 시작해서 서서히 내 삶을 바꿔나가자. 그 과정 자체가 의미 있는 성장의 순간이 되니까. 어제의 나는 더 나은 오늘의 나를 만드는 디딤돌이니까.

그 사실을 잊지 말고 앞으로 나아가자.
어제와 다른 오늘, 그리고 오늘과 다른 내일이 될 수 있도록.

다정함은
집중할 줄 안다는 것

다정함은 집중력에서 나온다.

다정한 사람은 내가 힘들 때나 슬플 때 그 순간을 놓치지 않고 위로해 준다. 또 내가 어떤 사람인지, 무엇을 할 때 행복해하는지, 어떤 슬픔이 있는지 세심히 알고 있다. 그건 나에게 집중하지 않으면 절대로 알 수 없는 것들이다.

다정함에 이끌릴 수밖에 없는 건 이 때문이 아닐까. 흘러가는 시간 속에서 나를 대충 대하지 않고, 집중해서 대해주니까. 내 감정이 바닥을 칠 때 그 순간을 놓치지 않고 나를 위로해 주니까. 이 사람과 함께 있으면 '적어도 무너지지는 않겠구나.'라는 생각이 드는 것이다. 이 사람과 함께라면 소소한 순간마다 내가 웃고 있겠구나 싶은 것이다.

힘들다고 굳이 말하지 않아도, 힘들진 않냐고 먼저 물어봐 주는 마음. 조금만 불편함을 느껴도 어느새 알아채서 나를 편하게 해주는 마음. 다정한 사람과 지내는 건 마음이 편하다. 마치 소화 잘 되는 음식을 먹은 것처럼. 오랜 시간 함께 있어도 마음이 부대끼지 않는다.

다정한 사람이 좋은 건 어쩔 수 없는 일인 것 같다. 나에 대한 것들을 기억해 주고, 알아주고, 살펴주는 것. 적재적소에 나타나 내 마음을 돌봐주는 것. 그건 절대로 아무나 할 수 없는 일이고, 나라는 사람을 깊이 이해하고 있어야만 가능한 행동이니까.

앞으로도 더 많은 다정함을 느끼며 살아가고 싶다. 서로가 서로에게 다정한 세상 속에서 큰 상처 없이, 마찰 없이 잔잔하게 흘러가는 삶이었으면 좋겠다. 마지막으로, 다정한 사람들은 되도록 슬픈 일 없이 오랫동안 행복했으면 좋겠다.

고마움을
노래하자

지금까지 지켜본 결과, 오래 지속되는 관계에는 특징이 있었다. 그건 서로 고마워할 줄 안다는 것. 한 사람이 좋은 행동, 좋은 마음을 보여주면, 그 마음을 받은 사람은 잊지 않고 진심으로 고마워했었다.

"고마워. 너무 좋다." 생각해 보면 별거 아닌 말이지만, 그 말을 들으면 더 잘해주고 싶고, 앞으로도 다정해지고 싶게 만든다. 서로에게 잘해줄 때마다 그런 말이 들려온다면 관계는 자연스럽게 잘 흘러가지 않을까.

좋은 마음이 도착하면 그 마음에 후기를 달아보자. "덕분에 오늘 하루 잘 보냈어.", "행복한 하루를 만들어줘서 고마워."

간단한 후기로도 관계는 더 둥글게 굴러갈 것이다. 그것만으로도 마음을 건넨 사람은 뿌듯함을 느낄 것이며, 마음을 받은 사람은 더 행복해질 것이다.

조금만 더
따뜻한 마음

자동차 관리를 하러 정비소에 갔던 날이었다.
차를 입고시키고 정비하는 걸 지켜보고 있었는데,
옆에서 누군가 말을 걸어왔다.

「혹시 이 차 엔진오일은 뭐가 좋은지 아세요?」

고개를 돌려 확인해 보니 50대, 아니면 60대 정도의 남성분이었다. 보아하니 차량 운행에는 익숙하지만, 차량 관리에는 익숙하지 않은 분 같았다. 하지만 나도 차를 산 지 얼마 되지 않았고, 내 차 외에는 잘 몰랐기에 「음…. 글쎄요」라고만 대답했다. 그런데 이때 이상한 오지랖이 발동했다.

나는 누군가 내게 뭔가를 물어보면 그것에 대해 잘 몰라도 어떻게든 찾아내서 결과를 알려준다. 여러 정보를 취합해 보면 대다수의 사람이 선호하는 것은 무엇인지, 평균적으로 쓰이는 것들은 무엇인지 정도는 알아낼 수 있다. 그냥 넘어갈까, 고민하다가도, 그분이 차량에 대해 잘 모르시는 것 같았고, 애써 물어보시기까지 한 것에 대해 조금이나마 도움을 드리고 싶었다. 그래서 「잠깐만요. 저도 잘 모르긴 하지만, 사람들이 많이 쓰는 게 무엇인지 검색해드릴게요.」라고 말을 덧붙였다.

스마트폰으로 검색하려던 찰나, 때마침 내 차의 정비가 끝나서 먼저 떠나야 했다. 알아보고 꼭 연락드리겠다고 약속하고는 집에 와서 인터넷을 켰다. 해당 차량의 카페를 검색해서 들어가 보니 대다수의 사람이 쓰는 제품이 무엇인지 알 수 있었다. 어디서 사야 가장 저렴한지, 어떻게 사야 하는지까지 자세하게 문자로 알려드렸다.

그랬더니 조금 뒤에 도착한 「감사합니다.」라는 답장. 왠지 모르게 마음 한구석이 뿌듯함으로 가득 차올랐다. 사람들은 이런 나를 신기해하며 바라본 적도 많다. 귀찮지 않냐며, 어떻게 그럴 수 있냐며. 주변 사람이 궁금해하는 게 있으면 혼자서 검색해 알아봐

주는 나를 대단해했다. 물론 아무리 검색해도 원하는 결과를 찾을 수 없을 때가 있어 종종 지치기도 하지만, 어쩌면 나는 누군가에게 도움이 된다는 사실이 뿌듯해 도와주겠다고 나서는지도 모른다.

비록 누구라도 검색하면 알 수 있는, 전혀 대단하지 않은 것들이지만 이런 작은 도움이 우리 삶을 더욱 풍성하게 만든다고 믿는다. 누군가의 고민에 귀 기울이고, 함께 해결책을 모색하는 그 시간 자체가. 정보 그 자체보다 내가 보여준 관심과 노력이 어쩌면 그들에겐 더 값진 위로가 되었을지도 모른다.

오늘도 주위를 살펴보자. 도움이 필요한 누군가가 있을지. 비록 내가 알려줄 수 있는 게 많지 않을지라도, 함께 고민하는 시간 자체로 충분할 테니. 작은 친절이 누군가에겐 큰 위로가 될 수 있다. 세상 어딘가에서 외로이 답을 찾아 헤매는 누군가에게, 내 작은 손길이 힘이 되길 바라본다.

스트레스에
무너지지 않게

지난 주말, 오랜만에 고등학교 동기들과 만났다.
술잔을 기울이다 보니 자연스레 근황 토크가 이어졌다.

한 친구는 요즘 회사 일이 너무 힘들다고 털어놨다. 상사의 무리한 요구, 동료들과의 마찰, 잦은 야근까지. 스트레스가 이만저만이 아니라고, 그 스트레스를 술로 푸느라 건강도 망가지고 있다고 했다.

친구의 이야기를 듣고 있자니 나 역시 20대 초반 작가로 활동하기 시작했을 때가 떠올랐다. 마감에 쫓기며 밤낮없이 글을 쓰던 나날들. 창작의 고통 속에서 스트레스는 누적되어 갔다. 집중력은 떨어지고, 자신감은 바닥을 쳤다. 슬럼프로 인해 한동안 글을 쓸 수조차 없었던 적도 있었다.

그때 나는 스트레스에 잘 대처하지 못했던 것 같다. 오로지 참고 견디기만 할 뿐, 해소할 방법은 찾지 못했다. 그러다 문득 하루에

한 편씩 영화를 보기로 했다. 글쓰기에 지칠 때마다 영화관으로 달려가거나, OTT에서 좋아하는 영화를 보며 재충전의 시간을 가졌다. 스크린 속 이야기에 빠져드는 동안 잠시나마 현실의 스트레스에서 벗어날 수 있었다.

또 스트레스 해소에 도움 된 건 음악이었다. 글을 쓰다 막힐 때면 잠시 멈추고 이어폰을 꼈다. 좋아하는 노래를 들으며 머릿속을 정리하는 시간을 가졌다. 영화가 내 현실을 잊게 해주었다면, 음악은 내 감정을 위로해 주는 존재가 되어주었다.

스트레스는 누구에게나 찾아오는 삶의 일부분이다. 중요한 건 그 스트레스를 어떻게 대처하느냐다. 친구에게도 내 경험을 이야기해 주었다. 술 대신 영화를 보며 기분 전환을 해보라고, 음악으로 마음을 진정시켜 보라고.

자신만의 스트레스 해소법을 찾다 보면 어느새 웃으며 일상을 살아가고 있는 자신을 발견할 수 있을 거라고.

우리는 각자의 자리에서 스트레스와 맞닥뜨린다. 때론 일에서, 때론 관계에서. 지금 당장은 벗어나기 힘들어도 포기해서는 안 된다. 내게 맞는 방법으로 스트레스를 다스려 나가자. 살아가며 쌓인 스트레스를 적당히 털어낼 수 있어야 더 오랜 길을 나아갈 수 있을 테니까. 무너져 내리지 않게 내 마음은 내가 돌볼 줄 알아야 하니까.

다 똑같지
않은 하루

언젠가 쳇바퀴처럼 굴러가는 삶에 싫증을 느낀 적이 있었다. 반복되는 삶의 리듬이 지겨웠다. 새로운 것 없고, 변화는 사치였다. 지겨운 날들이었지만, 이 상태가 가장 안정적이라는 것을 알고 있었기에 애써 궤도를 바꾸지는 않았다.

지난 삶을 네모로 나타낸다면 어떤 모습일까, 생각해 봤다. 어떤 날은 무난한 네모, 또 어떤 날은 동그라미인지 네모인지 불확실한 네모, 어떤 날은 점처럼 작아진 네모. 다 비슷비슷한 하루라고 생각했는데, 자세히 들여다보면 조금씩 다른 모양이었다.

매일 반복되는 하루였지만, 그 안에는 항상 새로움이 있었다. 똑같이 행복한 하루였지만, 어떤 날은 은은한 콧노래가 나오고, 어떤 날은 온종일 행복감에 취해 웃으며 잠들 정도로 달랐다. 어쩌면 그때부터 반복되는 것들이 썩 좋지 않은 것은 아니구나, 하고 생각하게 됐는지 모른다.

잠들 무렵이면 내 곁에 항상 컴컴한 밤이 와 있는 것. 언제, 어떤 바다를 가도 파도를 볼 수 있는 것. 사소한 습관까지 너무나 잘 알고 있는 당신과 밤 산책을 하는 일. 그 모든 것은 딱 한 번만 경험하기에는 너무나 소중한 것들이었으니까.

해봐야만
아는 것들

결국 해봐야 아는 것이다. 당신이 그렇게 걱정했던 일도, 완벽하기 위해서 애썼던 날들도 해보지 않고서는 절대로 모른다. 생각했던 것보다 더 좋은 결과가 나올 수도 있다. 기대했던 것보다 훨씬 못 미칠 수도 있다. 하지만 중요한 건 어찌 됐든 뛰어들었다는 것. 결과가 좋든, 나쁘든 일단 했다는 것. 그 사실이 중요하다. 걱정과 기대 앞에 가로막혀 많은 시간을 낭비하지 말고 일단 하자. 뭐라도 해내자.

나아가지 않으면, 해보지 않으면 우린 절대로 알 수가 없으니까. 이게 맞는 길인지, 아닌 길인지.

나를
잃지 않으려면

살다 보면 경계라는 게 참 중요하다는 걸 깨닫게 된다. 사람 사이의 경계, 일과 나의 경계, 내 감정과 타인의 요구 사이의 경계. 우리는 다양한 관계 속에서 살아가지만, 그 과정에서 나 자신을 잃지 않는 것은 전혀 쉽지 않다.

어느 순간, 좋은 사람이 되기 위해 나를 희생하는 일이 많아진다. 무리한 부탁도 쉽게 거절하지 못하고, 나의 시간과 에너지는 점점 고갈되어 간다. 처음엔 괜찮다고 생각했지만, 어느새 나는 지친 나 자신을 발견하게 된다.

그럴 때일수록 경계가 필요하다. 나의 감정과 욕구를 분명히 인식하고, 적절한 선을 그을 필요가 있다. 물론 처음엔 어색하고 어려울 수 있다. 상대방을 거절하는 것이 불편할지 모르지만, 경계를 세우는 일이 곧 나를 지키는 일임을 깨닫게 된다.

나 역시 한때는 좋은 사람이 되고 싶어서 거절의 말을 내뱉기 어려웠다. 하지만 시간이 지나고 나니, 내가 사라져가는 느낌을 받았다. 그제야 경계를 세우는 법을 배우기 시작했다. 상대방을 배려하면서도, 나를 존중하는 법을 연습했다.

물론 쉽지만은 않았다. 내 거절에 상대방이 당황하거나 서운해할 때도 있었다. 하지만 시간이 흐르며 서로를 이해하는 관계로 변화해 갔다. 무엇보다 내 삶에 대한 통제력을 되찾았고, 그제야 깨달았다. 경계를 세우는 일이 곧 나를 지키고, 관계를 건강하게 만드는 일이라는 걸.

혹시 당신도 경계 없이 살아왔다면, 이제부터라도 작은 경계를 세워보는 건 어떨까. 때로는 거절하고, 때로는 거리를 두는 연습. 이 작은 실천들이 건강한 마음과 좋은 관계를 위한 소중한 과정이 될 것이다.

사랑은 사소함을
지켜가는 일

인터넷을 보다가 오랜 시간 관계를 지켜낼 수 있는 법을 주제로 토론하는 글을 보았다.

무슨 답이 있을까 생각해 보다가 문득 7년째 함께 살아가는 친구 부부의 모습이 떠올랐다. 대학교 1학년 때 첫눈에 반해 사랑에 빠진 그들은, 캠퍼스 커플로 시작해 결혼하고 나서도 변함없이 사랑을 이어오고 있었다.

친구에게 물었다.
「7년이라는 시간 동안 함께 지낸다는 게 쉽진 않았을 텐데, 어떻게 그 오랜 시간을 함께할 수 있었어?」

친구는 오래 고민하지 않고 대답했다.
「우린 서로 사소한 것까지 매일 감사해 했어. 커피 한 잔 타 주는 것, 집으로 돌아오는 길에 좋아하는 과자 사 오는 것. 그 모든 게 정말 고마웠고, 그럴 때마다 그 마음을 표현했어.」

이어서 말을 이었다.

「물론 싸울 때도 많았어. 성격 차이, 가치관 차이로 부딪힐 때마다 힘들었지. 하지만 우리는 그럴 때마다 대화했어. 밤새 얘기하고, 오해를 풀고, 서로를 이해하려 노력했지. 그렇게 차이를 인정하고 존중하는 법을 배웠어.」

친구의 말을 듣고 보니, 오랜 시간 신고힌 관계를 유지하는 비결은 의외로 단순했다. 서로에 대해 감사함을 잃지 않는 것, 그리고 대화를 통해 끊임없이 마음을 맞춰가는 것. 화려한 이벤트나 거창한 약속이 아니라, 일상의 소소한 배려와 꾸준한 소통이 오래 사랑할 힘이 되는 것 같았다.

또 다른 친구 부부의 이야기도 생각났다. 결혼한 지 5년 차, 딸까지 둔 가정이다. 친구는 설거짓거리가 쌓여 있어도, 아이 숙제 봐줘야 해도 매주 금요일 저녁은 꼭 둘만의 시간을 갖는다고 했다. 가끔은 멋진 레스토랑에서, 또 어떤 날은 동네 골목 산책으로. 뭐든 상관없다고 했다. 서로에게 집중하는 그 시간 자체가 소중하다고. 그 시간을 꾸준히 갖게 되니 서로가 자연스럽게 더 가까워졌다고 했다.

5년을 함께 살면서 습관처럼, 의무처럼 여겼던 것들. 그 모든 걸 잠시 내려놓고 연인으로 돌아가는 시간. 서로의 눈을 바라보며 근황을 나누고, 앞으로의 계획을 얘기하고, 소소한 일상사까지 공유하는 시간. 그 모든 게 사랑을 새롭게 하고, 오래도록 이어갈 수 있는 원동력이 된다고 말해주었다.

사랑은 웅장한 서사시가 아니라, 소소한 일상의 모음집 같은 것이라는 생각이 든다. 매일의 작은 선택들, 꾸준한 노력이 모여 한 편의 인생을 만들어내는 것처럼. 사랑도 화려한 것이 아니라, 소박하지만, 진솔한 마음이 하루하루 쌓여 완성되는 것 아닐까.

오늘도 세상 곳곳에서 사랑을 이어가고 있을 연인들. 서로 마주

앉아 따뜻한 밥을 먹고, 늦은 밤 달을 바라보며 거리를 걷는 그 모든 순간 속에 사랑이 담겨 있음을 잊지 않았으면 좋겠다. 언제나 처음처럼 한결같은 마음으로 사랑할 수 있기를. 그렇게 소중한 관계를 오래도록 지켜낼 수 있기를.

나를
지켜낸 사람

카페에 앉아 글을 쓰고 있는데 한 아이와 엄마가 들어왔다.

바깥 온도는 34도.
더운 날씨에 지친 기색이 역력한 엄마가 의자에 앉자마자
아이가 울음을 터뜨린다.

엄마는 서둘러 아이를 품에 안고 한참을 달랜다.
조금 잠잠해진 것 같아 아이를 눕히는데,
또다시 들려오는 울음소리.
어쩔 수 없이 엄마는 또다시 아이를 안고 이리저리 몸을 흔든다.

문득 나는 기억나지도 않는 과거를 더듬었다.

나는 얼마나 많은 시간을 엄마의 품에 안겨 흔들렸을까.
얼마나 울었고, 얼마나 달래졌을까.
그렇게 키워진 나는 과연 괜찮은 아들이 되었을까?

받은 사랑에 비하면 내가 드린 것은 아무것도 아닐지도 모른다.
어쩌면 평생 갚지 못할 사랑일 것이다.

그것을 알면서도 엄마는 나를 잠재웠던 걸까.
그렇다면 그 마음은 얼마나 위대했던 걸까.
나를 향한 사랑은 얼마나 거대했던 걸까.

내가 살아가는 이 세상은 나의 것이 아니고,
내가 지켜온 것도 아니다.
아무것도 모른 채 엉엉 울기만 했던
그때의 나를 지켜냈던 건 내가 아닌 엄마였으니까.
작은 몸으로 나를 들고, 흔들어가며 버텨낸 것도 엄마였으니까.

너무 늦지 않게 최대한 마음을 갚는 사람이 되고 싶다.
내가 기억하지 못하는 과거의 작은 순간 하나하나에서도
나를 아꼈을 엄마에게. 조금 더 돌려주는 사람이 되고 싶다.

이별의
기술

인생에서 만나는 모든 인연이 영원할 순 없다.

사랑하는 연인과의 이별, 단짝이었던 친구와의 결별까지. 언젠가는 우리 곁을 떠나가는 사람들이 있기 마련이다. 문제는 관계의 끝이 항상 깨끗하지만은 않다는 것이다. 미련과 원망, 때로는 깊은 상처로 남는 경우가 많으니까.

나는 관계를 끝낼 때도 일종의 '기술'이 필요하다고 생각한다. 관계가 끝나도 상처받지 않을 수 있는 기술. 이별을 잘 맞이할 수 있는 기술. 이별 앞에서도 무너지지 않는 것. 상대방의 선택을 존중하려 노력하는 것. 내 감정에 휩쓸리기보다 한발 물러나 상황을 바라보는 것. 관계가 끝나는 순간에도 이런 자세를 잃지 않는다면 우리는 조금 더 성숙한 이별을 맞이할 수 있지 않을까.

그중에서도 헤어짐의 순간, 서로가 나눴던 '좋은 기억'을 떠올릴 줄 아는 마음이 필요하다. 함께 울고 웃었던 시간, 서로에게 위로와 격려가 되어주었던 순간들.

비록 각자의 길을 가야 할 때가 되었대도, 함께 쌓아온 추억들은 절대 헛되지 않았다는 걸 아는 것. 그런 감사의 마음이야말로 이별을 편안히 받아들이게 해주는 힘이다.

무엇보다 중요한 건, 이별 앞에서도 '나'를 잃지 않는 것이다.

상대방이 나를 떠난다고 해서 내 가치가 떨어지는 것은 아니니까. 누군가의 선택과 나의 가치는 별개의 문제라는 걸 분명히 인식하는 것. 그걸 깨닫는다면 우리는 이별의 아픔에도 무너지지 않을 수 있다. 오히려 더 단단한 마음으로 다시 일어설 수 있다.

관계가 끝난 후에도 우리 앞에는 여전히 삶이 펼쳐져 있다. 새로운 만남이 기다리고 있고, 나 자신과 더 깊은 관계를 맺을 기회도 주어진다. 지나간 사랑에 연연하기보다는 앞으로 펼쳐질 새로운 인연에 마음을 열어두는 것. 이별을 끝이 아닌 또 다른 시작으로 받아들이는 것. 그것이야말로 우리가 가져야 할 지혜로운 태도가 아닐까 싶다.

마지막으로 이 모든 것들이 결국은 '삶'을 대하는 우리의 자세와도 닿아있다는 생각이 든다. 모든 것은 변화하고, 생겨났다가 사라지기를 반복한다. 우리가 집착하는 순간에도 세상은 계속해서 흘러가고 있다. 그 자연스러운 흐름에 몸을 맡기고, 기꺼이 받아들이는 너그러운 마음, 서로의 길을 응원하는 마음. 그것이야말로 성숙한 어른의 모습이 아닐까.

물론 실제로 실천하기란 절대 쉽지 않다. 떠나는 이의 뒷모습을 보며 마음 아파하지 않기란 어려운 일이니까. 하지만 우리가 조금씩 노력한다면, 이별을 조금 더 단단하게 맞이할 수 있지 않을까. 지나간 인연에 감사하고, 자신을 깎아내리지 않으며, 앞으로 다가올 새로운 인연을 기대하는 마음으로.

이별은 우리 삶의 한 부분일 뿐, 전부는 아니다. 혹여나 오늘 당신이 이별을 겪었다고 해도 괜찮다. 이 사실을 기억하고 각자의 길을 향해 걸어가면 되니까. 앞으로도 수많은 이별의 순간이 우리를 기다리겠지만, 이별 앞에서 무너지지 않고 그 순간을 마주했으면 좋겠다. 조금 더 멋진 어른으로, 성숙해진 마음으로 성장할 수 있기를 바란다.

마음만은
가까이

살다 보면 어떤 이유로든 자주 만나고 싶어도 쉽지 않은 사람들이 있다. 멀리 떨어져 사는 친구, 바쁜 일상에 치여 자주 볼 수 없게 된 가족까지. 서로의 삶이 각자의 자리에서 바쁘게 흘러가다 보니, 그리움은 쌓여가는 데 함께하는 시간은 점점 줄어든다.

그럴 때면 가끔 주고받는 짧은 연락만으로도 얼마나 큰 위안이 되는지 깨닫게 된다. 내 마음 한편을 크게 차지하고 있는 사람들이 별일 없이 잘 지내고 있다는 사실을 확인하는 것만으로도, 나는 안도하고 기뻐한다.

한 친구의 이야기가 떠오른다. 호주로 유학을 떠난 동생이 보고 싶어, 자꾸만 연락을 기다리고 있던 친구. 어릴 적부터 친구처럼 지내온 동생이었기에 그 공백이 더 크게 느껴졌다고 했다. 비행깃값을 생각하면 쉽게 만날 수 없고, 학업과 일에 바쁜 동생은 한국에 올 시간도 없었다. 그럴 때면 친구는 멀리서라도 전해오는 안부만으로도 위로를 받았다고 했다.

문득 그 친구의 말을 떠올리며 생각했다. 사람과 사람 사이의 인연이라는 건 물리적인 거리를 뛰어넘는 것이 아닐까. 자주 만나지 못한다 해도, 서로를 생각하는 마음 그 자체로도, 가끔 주고받는 안부만으로도 그 관계는 여전히 의미 있고 이어진다는 것.

떨어져 있다고 해서 마음마저 멀어지는 것은 아니다. 문득 떠오르는 그 얼굴, 그 사람을 떠올리게 하는 작은 물건이나 노래 한 소절. 우리는 그런 작은 순간들 속에서 서로를 느끼며 관계를 이어간다.

지금, 이 순간에도 어느새 문득 그리운 얼굴이 스쳐 지나간다면, 안부를 물어보는 건 어떨까. 멀리 떨어져 있어도 그 한마디가 서로의 마음을 가까이 이어줄 테니까.

한 번뿐인 삶
어떻게 살 것인가

시간은 빠르고, 인생은 짧고, 후회는 길다. 언제나 느끼는 것이지만, 지나고 보면 늘 아쉬운 게 삶인 것 같다. 잘 살고 싶은 마음은 크지만, 막상 살다 보면 그게 뜻대로 되지 않을 때가 많다.

친구에게 들은 이야기가 떠오른다. 70대 중반의 나이에도 불구하고 매일 밭일을 하셨다는 친구의 할머니. 할머니에게는 교사가 되는 꿈이 있었지만, 어려운 집안 환경 탓에 일찍 결혼해 그 꿈을 가슴속에 묻고 살아오셨다고 했다.

그런데 어느 날, 놀라운 소식이 들려왔다. 마을회관에서 노인 문해 교실이 열린다는 소식이었다. 글을 배우지 못한 할머니에겐 꿈만 같은 기회였고, 할머니는 너무 기뻐하셨다고 했다. 비록 교사의 꿈은 이룰 순 없지만, 학생이 되어 글을 배울 수 있게 된 것이다.

그때부터 할머니의 일상에는 큰 변화가 생겼다. 수업이 있는 날에는 일찍 밭일을 마치고, 아이 같은 얼굴로 마을회관으로 향하셨다고 했다. 나중에 문해 교실 선생님이 말씀하시기를, 연필로 삐뚤빼뚤 힘겹게 글씨를 쓰시지만, 그 눈빛만큼은 누구보다 반짝였다고 했다. 한 글자 한 글자 알아갈 때마다 너무 재밌어하셨고, 드디어 편지를 쓸 수 있다고 좋아하셨다고 했다.

그 이야기를 들으며 나는 왠지 모르게 마음 힌구석이 뭉클해졌다. 평생 곁에 두었던 꿈을, 비록 그 모양은 조금 달라졌지만 끝내 이뤄내셨다는 게. 남은 시간이 얼마 없음을 알고 더 간절히 그 시간을 채우려 애쓰신 모습이 대단하면서도, 다시 한번 내 삶을 돌아보게 됐던 것 같다.

인생은 누구나 한 번뿐인 여정이다. 그 길을 어떤 모습으로 걸어갈지는 우리의 선택이다. 내게 주어진 시간이 1년이든, 10년이든 그 시간을 소중히 쓰는 것. 후회 없는 오늘을 살아가는 것. 사실 늦은 것은 없을지도 모른다. 늦었다고 포기하는 마음만 있을 뿐.

나는 내게 주어진 남은 시간을 가득 채워서 살고 싶다. 나에게는 이 삶을 어떻게 쓸지 선택할 수 있는 자유가 있으니까. 주어진 시간을 어떤 색깔로 물들일지 결정할 수 있으니까. 치열한 오늘의 연속이 모여, 언젠가 의미 있는 삶이 되어 있기를. 작은 꿈 하나라도 이뤄내며, 삶의 주인공으로 당당히 살아갈 수 있기를.

한 사람이
주는 힘

살아가다 보면 수많은 사람을 만나게 된다. 그중에는 나를 절망의 끝자락으로 몰아넣는 사람도 있지만, 삶의 끈을 붙잡게 해주는 사람도 있다.

삶을 돌이켜 보면 내가 걸어온 길, 내가 본 것들, 내가 겪은 일들도 물론 중요했다. 하지만 그 무엇보다 내 삶에 가장 큰 영향을 준 건 바로 내 곁에 있던 사람들이었다.

사람의 힘은 생각보다 크다. 한 사람의 말 한마디, 작은 행동 하나가 내 삶의 방향을 완전히 바꿔놓을 수 있으니까. 누군가를 만났을 때 느껴지는 기운, 담겨 있는 가치관, 꿈꾸는 내일의 모습. 이 모든 것이 내게 영향을 주었다.

사람을 향해 문을 여는 일, 그만큼 신중할 수밖에 없었다. 내 주변에 어떤 사람을 들이느냐에 따라, 내 삶은 전혀 다른 풍경이 될 수 있으니까. 이제 나는 안다. 내일의 내가 어떤 모습일지는 오늘 내 곁에 누가 서 있느냐에 따라 결정될 수도 있다는 것을. 빛나는 사람과 함께 걸으면 내 삶 또한 눈부시게 빛나고, 어두운 사람과 함께 걸으면 내 삶 또한 그늘에 가려질 수 있다는 것을.

앞으로도 '함께'의 힘을 생각하고 살아가려 한다.
내가 만나는 사람, 내가 품는 인연.
그 모든 것을 아무렇지 않게 생각하지 않고,
단 한 사람을 만나더라도 신중히 만나야겠다.

이름 모를
인연

어느 여름날, 식물원에 다녀왔다. 꽃들 사이를 걷다가 깨달은 게 있다. 세상에는 내가 아는 꽃보다 모르는 꽃이 훨씬 많다는 것. 그곳에는 여태껏 한 번도 보지 못했던 꽃들이 가득했다.

문득 사람도 꽃과 참 닮았다고 생각했다. 한평생 살아도 이름조차 알지 못할 꽃처럼, 이 세상에는 존재조차 모르는 사람들이 얼마나 많을까. 지금껏 셀 수 없이 많은 사람과 스쳤겠지만, 아직 스치지 못한 사람에 비하면 내가 만난 사람들은 티끌에 불과하겠구나.

그런 생각을 하다 문득 주변을 둘러보니, 지금 내 곁에 있는 사람들에게 새삼 고마워졌다. 우주의 먼지 같은 존재인 내가 그들을 알게 되고, 그들 또한 나를 알게 되었다는 건 얼마나 큰 행운인가. 평생 모르고 지나쳤을 수도 있었을 텐데, 하필이면 내가 있는 곳에 와서 스쳐줘서 고마웠다.

앞으로 얼마나 더 많은 사람을 스치게 될까. 그 안에서 얼마나 소수의 사람과 인연을 맺고, 마음을 나누게 될까. 내가 모르는 곳에서 살아가고 있을 나의 인연들, 언젠가 마주치게 될 사람들.

그들에게 미리 말해주고 싶다.
나를 찾아와 줘서,
나의 인연이 되어 줘서,
정말로 고맙다고.

썩은 건
버려야 한다

사과를 깎다가 속이 썩었다는 것을 알게 됐다. 겉보기엔 멀쩡해 보였는데, 속은 이미 갈색으로 물들어 있었다. 썩은 부분만 조금 도려내면 먹어도 되겠지 싶어 썩은 부분을 파내기 시작했지만, 아무리 파내도 썩은 흔적은 끝없이 이어졌다.

20대 초반에 만났던 한 인연이 떠올랐다. 성격 좋고, 배울 점이 많은 사람이라고 생각했던 사람. 그러나 어느 순간부터 내 마음에 금을 내던 사람. 나를 향해 뱉던 말 한마디 한마디가 상처가 되었지만, 애써 그 상처를 감추며 괜찮은 척 연기했었다. 언젠가는 내게 도움이 될 거라는 막연한 기대감에 관계를 놓지 못했다.

돌이켜보면 그때 왜 그랬나 후회가 된다. 썩은 속을 감춘 채 겉으로는 괜찮은 척했던 시간이 부끄럽다. 망가진 관계에 미련을 가지고 붙들고 있던 내 모습. 정말로 좋은 사람은 상처를 주지 않는다는 걸 이제야 깨닫는다.

과일이든, 관계든 썩었으면 놓을 줄 알아야 한다. 당장의 아픔이 두렵다는 이유로 미루게 되면, 미래의 나 자신을 더 무겁게 짓누르게 될 테니까. 혼자라는 두려움, 익숙함을 놓는 아픔을 감수하고서라도 나를 우선하는 선택을 해야 한다. 그 아픔은 잠깐일 뿐이고, 다가올 미래는 훨씬 더 건강하고 가벼워질 테니까.

세상엔 나를 행복하게 해줄 더 많은 사람들이 있다. 문제는 썩은 관계에 집착하느라 그 사실을 알아보지 못한다는 것이다. 눈을 크게 뜨고 주변을 둘러보자. 세상은 넓고, 인연은 많다.

나는 더 이상 상처받는 내일을 택하지 않으려 한다. 더 이상 나를 힘들게 하는 이에게 내 삶을 맡기지 않을 것이다. 버리기 힘들었던 만큼, 버린 뒤에는 더 가벼워질 거다. 그렇게 내 삶의 무게에서 벗어날 때 비로소 온전한 나로 걸어갈 수 있을 테니까. 놓아야 할 건 놓아줄 수 있는 용기. 그런 용기 있는 사람이 되고 싶다.

돌다리를
건너는 그대에게

하고 싶은 것도 너무 많고, 그 모든 것을 잘하고 싶을 때 오히려 아무것도 시작하지 못한 채 망설이기만 했던 적이 있을 것이다. 하고 싶은 건 많고, 겨우겨우 할 것을 정했는데 그마저도 뭐부터 해야 할지 몰라 막막한 마음이 드는 것.

나도 그랬던 적이 있었다. 단순히 그림을 배우고 싶었을 뿐인데, 나는 너무 많은 것을 나 자신에게 바라고 있었다. 정작 종이에 그림 몇 번 그려보지도 못한 채 막막함에 못 이겨 스스로 포기했었다. 긴 시간이 흘러 그 원인이 뭘까 곰곰이 생각해 봤더니, 그건 우선순위를 정하지 못했기 때문이었다.

꿈꿀 때는 멀리 보라는 말이 있다. 가까운 곳에 시선을 두고 살면 시야가 좁아질 수 있기에 멀리 보고 큰 그림을 그려야 한다는 말이다. 하지만 나는 오히려 무언가를 시작할 때는 내 눈앞에 보이는 것부터, 내가 지금 할 수 있는 것부터 해야 한다고 생각한다. 무언가를 잘하기 위해서는 우선 그 일에 익숙해지는 과정이 필요하고, 그러기 위해서는 그 일이 손 닿는 곳에 있어야 하기 때문이다.

꿈꾸고 있는 이들에게 말해주고 싶다. 그림을 그리고 싶다면 별거 아닌 그림일지라도 자주 그리고, 글을 쓰고 싶다면 매일 흘러가는 하루를 붙잡아 어딘가에 기록해 보라고.

꿈은 돌다리를 건너는 일이다. 건너기 전, 수많은 돌에 압도되어 잠시 멈칫할 수 있지만, 막상 한 발을 내디디면 다음 돌다리를 건너야겠다는 생각뿐이다.

시작도 전에 겁먹지 말고, 해보지도 않고 멈춰 서지 말고, 당장 할 수 있는 것부터 차근히 해내자. 그러다 보면 어느새 돌다리를 다 건넌 자신을 발견하게 될 것이다.

걱정은
피하는 게 아니다

우리는 살면서 크고 작은 걱정거리들을 만난다. 미래에 대한 불안함, 관계에서의 어려움, 자신에 대한 회의감까지. 그런데 우리는 종종 그것들을 외면하려 든다. 없는 척, 모르는 척하면 사라질 거라 믿으면서 말이다.

걱정은 피한다고 해서 절대로 사라지지 않는다. 오히려 내면 깊숙이 자리 잡아 우리를 조금씩 무너뜨린다. 무시하면 할수록 불안은 커지고, 겉으로는 괜찮은 척해도 마음은 점점 더 지쳐간다.

걱정에 휩싸인 채로는 일상의 소중한 순간순간도 쉽게 흘려보내기 마련이다. 사랑하는 사람들과의 추억도, 소소한 행복도 걱정이라는 먹구름에 가려 빛을 잃고 만다.

걱정으로부터 자유로워지기 위해서는 먼저 그것을 마주할 용기와 정직함이 필요하다. 내 안의 불안함, 두려움과 솔직하게 마주 서는 일. 회피하지 않고 똑바로 응시하는 일. 그 과정이 쉽진 않겠지만, 그래야만 비로소 앞으로 나아갈 수 있다.

때로는 누군가에게 털어놓는 것도 큰 도움이 된다. 혼자 짊어지려 애쓰지 말자. 속마음을 꺼내 보이는 일은 쉽지 않지만, 그 과정에서 우린 문제를 조금 더 새로운 시선으로 바라볼 수 있게 된다. 운이 좋다면 걱정을 해결할 방법을 찾게 될 수도 있다.

걱정의 실체를 파헤쳐보자. 무엇이 나를 힘들게 하는지. 불안함은 어디에서 오는지. 그 마음을 온전히 받아들일 때, 우리는 조금씩 걱정의 크기를 줄여나갈 수 있을 테니까.

오늘, 잠시 멈춰 서서 나 자신을 들여다보자. 나를 옭아매던 걱정을 하나씩 풀어나가자. 내 안의 그늘과 마주하는 일. 지금의 나를 있는 그대로 안아주는 일. 스스로 괜찮지 않음을 인정하고, 내일을 향해 한 걸음 내디뎌 보자. 그것만으로도 우린 금방 괜찮아질 수 있을 것이다.

부딪히며
단단해진다

살다 보면 때론 좋은 사람인 것 같은데도 끝내 깊어지지 않는 인연이 있다. 함께 있으면 편안하긴 하지만, 어딘가 겉도는 느낌을 주는 관계. 반면 자주 부딪히고, 때론 상처받기도 하지만 돌이켜보면 꽤 깊은 사이로 남는 인연도 있다.

우리는 종종 편안함에 속아 그 사람과는 오래갈 수 있을 거란 착각에 빠지곤 한다. 하지만 돌이켜보면 내 인생에서 가장 오래 함께한 이들은 자주 부딪히며 지내온 사람들이었다. 좋지 않은 감정을 숨기지 않고 드러내던 사람, 마음이 곪기 전에 속내를 털어놓던 사람. 그런 사람과 더 오랜 시간을 함께할 수 있었다.

단 한 번도 아픔이 없는 관계는 없다. 오랜 시간 함께하다 보면 서로에게 상처를 주는 건 당연한 일이니까. 문제는 상처 자체가 아니라, 그 상처를 어떻게 다루느냐다. 금이 간 곳을 덮어두고 모른 척하면 그 관계는 안에서부터 무너지고 만다. 반면 서로의 마음을 솔직하게 표현하는 관계는 더 단단한 '우리'가 된다.

상처받는 것이 두려워 진심을 감추고 살 순 없다. 상처는 언젠가 터지기 마련이고, 그때는 회복하기 어려운 깊은 아픔이 될지도 모른다. 차라리 아플 때 아프다고 말할 줄 알고, 서로 이해하려고 노력하는 마음. 그게 오랜 시간 함께하는 비결이 아닐까.

우리에게 필요한 건 그런 용기다. 꺼내기 불편한 감정을 드러내는 용기, 썩어가는 관계를 외면하시 잃고 비로잡을 줄 아는 용기. 속상하고, 때론 아플지라도 진심을 나누려는 용기.

상처 없는 관계는 없다. 아픔을 함께 껴안고 이겨내는 과정에서 더 깊고 단단한 관계가 되어간다. 오래가는 관계의 비밀은 그 안에 감춰진 흠마저 껴안을 줄 아는 데 있다.

소중한 사람에게, 그리고 나 자신에게 묻고 싶다. 지금 우리는 얼마나 솔직한가. 속마음을 꺼내 보이기에 충분히 믿고 의지할 수 있는 사이인가. 만약 그렇지 않다면, 조금 더 솔직한 사람이 되어

보는 건 어떨까. 때론 아프고, 때론 부딪히면서도 그 속에서 진짜 우리를 만날 수 있다면 좋겠다. 그런 만남이 우리 인생에 더 많아졌으면 좋겠다. 결국, 그것이 오래 함께하는 관계의 힘이 될 테니까.

사랑은
값비싸지 않다

연애 초반, 우리의 데이트는 신도림역 앞 광장에서 이루어졌다. 나와는 달리 직장을 다니고 있던 여자 친구였기에, 평일에 만나기 위해서는 이 방법뿐이었다. 퇴근 시간에 맞춰 그녀의 직장 근처에서 기다리는 것. 그러고는 오늘은 어땠는지, 무슨 일이 있었는지 소소하게 하루를 털어놓는 것. 그것만으로도 하루의 피로가 씻겨 내려가는 느낌이었다.

어떤 날에는 과자를 먹으며 대화를 나눴었는데, 그녀가 손에 묻은 과자 가루를 불편해하자 그다음부터는 항상 가방에 물티슈 하나를 챙기고 다니기 시작했다. 언제, 어디든 필요한 상황이 있으면 "짠!"하고 꺼낼 수 있도록. 다음번에 그녀가 같은 불편을 느끼지 않았으면 하는 마음에.

어쩌면 그때부터 사랑은 값비싼 게 아니라는 것을 깨달았는지도 모른다. 비록 편의점에서 파는 1,600원짜리 작은 물티슈였지만, 그것만으로도 우리는 사랑을 느낄 수 있었다. 중요한 건 누군가를 생각하는 마음과, 그 사람의 불편함을 기억하고 배려하는 마음이 아닐까?

사랑은 거창할 필요가 없다.
사랑하는 마음을 전달하는 방법은 무수히 많고,
의외로 사소한 행동 속에서 사랑은 더 진하게 느껴지기도 하니까.

내 곁에
남은 인연

요즘 들어 문득 이런 생각이 든다. 지금 내 곁을 지키고 있는 인연과 언제까지 함께할 수 있을까. 그리고 이 정도의 인연만으로 이 삶을 살아내기에 충분할까.

인간관계의 폭이 그리 넓지 않은 나에게 학창 시절 친구들은 소중한 존재다. 십여 명 남짓. 같은 동네에서 자라 서른이 넘도록 정을 이어오고 있다. 세월이 지나며 가까워졌다 멀어지기를 반복했지만, 여전히 내 삶의 한 축을 이루고 있다.

그들을 제외하면 남는 이는 많지 않다. 일로 맺어진 동료, 명절에나 연락하는 친척, 어정쩡한 지인 몇십 명뿐. 진정 마음을 터놓을 만한 사람은 몇이나 될까. 내성적인 성격 탓에, 일상의 대부분을 혼자 보내다 보니 시간이 지날수록 교류의 범위가 좁아진다.

나를 기억하고 좋아해 주는 이들이 점점 줄어들 거라는 건 안다. 기쁜 날 축하를, 슬픈 날 위로를 건넬 이도 자연스레 줄어들 것이다. 그럼에도 내 곁에 남아주는 이들이 있다면, 그것만으로도 감사한 일이 아닐까. 내 편이 되어 변함없이 지지해 줄 단 한 사람이라도 있다면, 그 한 사람만으로도 충분하지 않을까.

잘 살고 싶다. 지금, 이 순간 곁을 지켜주는 사람들과 더불어. 사이가 소원해지지 않기를. 자주 만나진 못하더라도 그리워하고, 서로의 행복을 빌며 살아갔으면 좋겠다. 관계에는 유효기간이 없다. 서로가 원하는 만큼 지속될 뿐이다. 시간이 흘러도 변치 않는 애정을 나누고, 기쁨과 슬픔을 함께 걸어가는 한 우리의 인연은 끝없이 이어질 것이다.

누군가 내 삶에 들어오고 나가는 건 자연스러운 일이다. 하지만 떠나는 이가 있어도 남는 이가 있음을 잊지 말자. 그 소중한 존재들과 깊은 관계를 이어가는 것. 어쩌면 그것이야말로 우리에게 주어진 가장 값진 숙제가 아닐까. 오래도록 서로의 곁을 지키는 일. 그 소중함을 매일 새기며 살아가고 싶다.

버스를
타고

가끔 나는 삶을 살아가는 것이 마치 버스를 타고 어딘가로 향하는 것 같다고 생각한다. 때가 되면 새로운 정거장에 내리고, 또 다른 버스를 타고 나아가는 삶. 지금껏 나는 수많은 정거장에 내리고, 수많은 버스를 갈아탔을 것이다.

가끔 정거장에 내렸는데도 한참 동안 갈아탈 버스가 오지 않아 초조했던 적도 있었다. 얼른 가야 하는데, 버스가 지연된 건지 아예 오지 않는 건지 알 수 없는 채로 한참 동안 기다렸던 때도 있었다. 그때마다 마음은 불안했지만, 딱히 할 수 있는 건 없었다. 그저 기다리는 수밖에 없었다. 내가 할 수 있는 일을 하며 기다릴 수밖에 없었다.

살아온 날들을 되짚어보면 아쉬웠던 순간도 많았다. 이 버스에 타는 게 맞았던 걸까, 저 정류장에서 하차해야 했던 건 아닐까. 그렇지만 지금에 와서 깨닫는 건, 모든 버스가 결국 내게 필요한 길로 데려다줬다는 것. 어떤 버스를 타게 될지, 어디서 내리게 될지는 알 수 없지만, 그것이 인생의 자연스러운 흐름이라는 것을 알게 되었다. 정류장에서 한참 동안 기다려야 할 때도 이젠 너무 불안해하지 않는다. 급한 마음으로 서둘러봤자 버스가 빨리 오지 않는다는 걸 아니까.

급할 필요 없다. 내가 타야 할 버스는 분명 올 것이다. 이제는 그 시간을 허투루 보내지 않고 주변을 둘러보는 여유를 갖는다. 버스를 기다리며 만나는 사람들, 마주치는 작은 행복들이 또 다른 의미를 더해줄 테니까.

우리는 모두 인생이라는 버스를 타고 있다. 그 버스에서 만나는 모든 것이 우리에게 선물이 되고, 추억이 된다. 기쁨도 슬픔도, 만남도 이별도. 그렇게 우리는 살아가고 성장해 간다.

세상엔 수많은 버스가 있고, 수많은 정거장이 있다. 어떤 버스를 타고 어디에서 내릴지는 우리가 선택할 수 없는 영역이다. 하지만 그 과정에서 우리는 계속해서 성장한다. 지금껏 나를 태워준 모든 버스에 감사하며, 앞으로 탈 버스를 기대하는 마음으로 오늘도 나는 나만의 버스에 몸을 싣는다. 때로는 흔들리고, 때로는 멈출지라도 그것이 바로 우리의 길이다. 끝없이 이어지는 길 위에서, 우리는 계속해서 성장하고 있음을 잊지 말자.

세상을
느낄 줄 아는 사람

계절의 변화가 느껴지는 순간은 언제나 극적이지 않다. 때로는 너무나 조용해서 우리가 눈치채지 못할 때가 있다. 창밖으로 보이는 나무의 잎, 어느 날 문득 바라보니 지난주와는 다른 색을 하고 있다. 그제야 우리는 여름에서 가을로 건너가는 순간에 서 있었음을 깨닫는다.

일상의 작은 변화 속에서도 계절의 변화를 느낄 수 있다. 여름 내내 즐겨 먹었던 열무김치가 어느 순간 깍두기로 바뀌어 있는 것. 여름을 가득 채웠던 매미 소리는 어느새 낙엽 밟는 소리로 바뀌어 있고, 자주 가는 단골 음식점의 계절 메뉴도 달라져 있다.

우리가 무심코 지나쳤던 일상의 순간마다 계절은 조용히 자리를 옮겨가고 있었다. 화려하지 않아도, 세상은 조금씩 달라지고 있었다.

사계절이 비교적 뚜렷한 우리나라에서 계절의 변화를 느끼는 건 어려운 일이 아닐지도 모른다. 하지만 작은 순간 하나하나에 집중하는 시선을 잃지 않는다면 우리가 발견할 수 있는 것들은 더 많아질 것이다.

반복되는 하루 속에서도 변화를 찾아내는 눈을 가질 수 있다면, 우리의 삶은 훨씬 더 풍요로워질 것이다. 출근길에 마주치는 꽃들의 색깔, 공원을 산책할 때 느껴지는 바람의 온도. 모든 것이 계절의 흐름 속에서 조금씩 달라지고 있음을 깨닫는 것. 그것이 바로 우리 삶을 더욱 깊이 있게 만드는 비결이 아닐까.

지금, 이 순간에도 세상은 변하고 있다. 눈에 띄지 않는 작은 변화들로 가득한 이 세상. 그 변화를 놓치지 않고 알아차릴 수 있는 내가 되었으면 좋겠다. 멍하니 세상을 흘려보내는 사람이 아니라, 눈과 마음을 열고 흘러가는 시간 하나하나를 빠짐없이 간직하고 느낄 줄 아는 사람이 되고 싶다.

후회 없이
내뱉는 사람

살다 보면 말 때문에 후회하는 순간이 많다. 지금까지 내가 내뱉었던 말들, 그리고 내뱉지 못했던 말들을 떠올리면 그것들로 인해 후회하고 아파했던 기억이 떠오른다. 내가 내뱉었던 말은 누군가에게 상처가 되었고, 또 누군가에게는 슬픔이 되기도 했다.

내가 내뱉었던 말들을 후회하는 건 차라리 다행이다. 다음에는 조금 더 조심해서 말하면 되니까. 누군가에게 상처를 줬던 말들을 기억하고, 다시는 같은 말을 내뱉지 않으면 되니까.

그러나 내뱉지 못했던 말로 인한 후회는 훨씬 더 아프게 다가온다. 그건 바로 그 순간이 아니면 아무런 소용이 없는 말이기 때문이다. 그때 내뱉었어야만 가치가 있던 말, 다른 누구도 아닌 그 사람에게 전했어야 하는 말이기 때문이다.

말은 언제나 등 뒤에 남고, 다시 지워낼 수도 없다는 것을 안다. 그럼에도, 이제는 내뱉지 못한 말로 힘들어하고 싶지 않다. 내뱉어서 오는 후회보다 더 내뱉지 못해서 오는 후회가 훨씬 더 크고 아프다는 것을 알게 되었으니까. 앞으로의 삶은 주저하지 않고 말하는 사람이 되고 싶다. 순간은 다시 돌아오지 않으니까. 그 순간을 놓치지 않는 사람이 되고 싶다.

작은 행복에
집중하자

사람은 참 많은 것에 지치게 된다. 반복되는 일상, 만족스럽지 못한 현실, 끝이 보이지 않는 걱정거리들. 그 모든 것이 쌓이고 쌓이다 보면, 문득 이대로는 안 되겠다 싶은 순간이 찾아온다. 하지만 출구는 보이지 않고, 빠져나가는 길도 막막하기만 하다.

예전의 나라면 어떻게든 빠져나오고 싶어 몸부림쳤겠지만, 지금은 다르다. 억지로 탈출구를 찾으려 애쓰지 않고, 내게 기쁨을 주는 것들에 조금씩 집중하게 됐다. 슬픔과 아픔을 자꾸만 떠올리기보다는 내 삶을 더 환하게 만드는 일에 마음을 쏟게 된 것이다.

그동안은 힘들었던 기억이 나를 붙잡아 앞으로 나아가는 게 쉽지 않았다. 하지만 이제는 안다. 내 삶은 내가 어떤 감정에 집중하느냐에 따라 색깔이 달라진다는 걸. 처음엔 아무리 기쁨에 집중해도 지쳐있는 나를 한순간에 환하게 만들어주지는 못했다. 무거운 마음은 좀처럼 가벼워지지 않았고, 세상은 여전히 칙칙했으니까. 그러나 작은 기쁨에 집중하는 시간이 늘어갈수록 묘한 변화가 일어났다. 내가 바라보는 것이 달라지니, 세상도 조금씩 환하게 보이기 시작했다.

눈에 띄지 않을 만큼 작고 보잘것없는 것이어도 좋다. 내 하루를 버티게 해주는 자그마한 확신 같은 행복. 그거면 충분하다. 웃음이 번지는 순간, 마음이 환해지는 찰나. 그런 순간을 하나씩 쌓아 올리며, 또 다른 내일로 나아가는 것이다.

그러다 보면 어느 순간 지친 마음에 한 줄기 빛이 비치는 것을 느끼게 될 것이다. 우울했던 과거의 나, 힘들었던 어제의 나에게서 빠져나오는 방법은 그게 전부다. 억지로 발버둥 치는 것도, 눈앞의 슬픔을 외면하는 것도 아니다. 내 곁에 있는 행복에 조금씩 집중하며, 그 행복에 시선을 주는 일. 사람은 그렇게 괜찮아진다.

내 감정에
솔직해지는 삶

언제부터인가 나는 내가 가진 감정에 솔직해지기로 했다. 친구에게, 가족에게, 그리고 무엇보다 나 자신에게 솔직한 모습을 보여주고 싶었다.

쉽지 않은 일이었다. 세상은 우리에게 너무나도 많은 역할을 요구하니까. 때로는 누군가의 자식으로, 때로는 부모로, 때로는 친구로, 직장인으로. 그 모든 모습에 맞춰 행동하다 보면 진정한 내 모습은 점점 희미해져 간다.

그동안은 타인의 시선을 신경 쓰며 연극을 하듯 살아왔을지도 모른다. 괜찮은 사람, 좋은 사람으로 보이기 위해 내 모습을 꾹 눌러 담으며 애썼는지도 모른다. 하지만 결국 내가 마주해야 하는 건 바로 나 자신이다. 그 누구도 아닌, 나의 진짜 모습을 마주할 때 비로소 온전한 내가 되어 삶을 살아갈 수 있다는 걸 깨달았다.

내 마음의 온도를 정직하게 느끼고, 그것을 있는 그대로 받아들이는 일. 나는 나 자신과 화해할 필요가 있었다. 처음에는 낯설고 어색했다. 타인의 시선에 익숙해져 있던 터라 나만의 기준으로 살아간다는 게 쉽지 않았다. 습관처럼 내뱉던 괜찮다는 말 대신, 안 괜찮다는 말을 내뱉는 순간에는 무언가 잘못되고 있다는 기분이 들기도 했다.

하지만 날이 갈수록, 내가 진짜 내 감정에 솔직해질수록 그 길이 내게 행복과 안정을 가져다준다는 것을 깨달았다. 내 마음을 솔직히 표현하며 살아가는 삶. 그것은 내가 찾던 행복한 삶의 형태였다.

이제 나는 전보다 솔직해졌다. 고마움과 미안함은 물론, 화가 나면 화를 드러낼 줄 알고, 슬픔이 밀려오면 슬프다고 표현할 줄 안다. 모든 감정을 숨기지 않고 전할 수 있다는 건 그동안 억눌렀던 나 자신을 해방하는 일이었다. 내 안에 있는 감정은 언제까지고 억누를 수는 없다. 언젠가는 드러내야 하는 날이 온다. 타인의 시선을 신경 쓰며 내 감정을 억누르다 스스로 고장 나는 삶을 택할 것인가, 아니면 조금씩이라도 나를 드러내는 연습을 할 것인가. 선택은 언제나 나의 몫이다. 이 삶은 내가 살아가는 것이니까.

다가오는 것을
사랑하자

가지 않았으면 하는 계절도 어김없이 도망가고, 평생 사랑하고 싶었던 사람도 언젠가는 떠나간다. 삶이란 게 그렇다. 내 맘대로 되는 건 없다. 영원을 바라고, 욕심을 품으면 내 마음만 다친다. 우리는 무언가를 바라는 것보다 그냥 마주하는 방법을 배워야 한다. 다가오는 것들을 그저 사랑하는 법을 배워야 한다. 떠나가지 말라거나, 잃기 싫어 애쓰는 마음이 아니라 내 옆에 있을 때, 내가 좋아하는 계절 속에 있을 때 충분히 사랑할 줄 알아야 한다.

변했다는 건
성장했다는 것

우리는 살면서 수없이 많은 선택의 순간을 맞이한다. 그중에서도 '이직'이라는 선택은 인생의 큰 갈림길 중 하나일 것이다. 익숙한 직장을 떠나 새로운 곳으로 향하고, 낯선 일을 배우는 일. 그 순간이 오면 우리는 고민에 휩싸인다. 이대로 괜찮을까? 새로움에 잘 적응할 수 있을까? 하고.

나는 스무 살 때부터 글을 써오면서 자연스럽게 작가가 되었다. 언젠가 다른 직업을 가져야 할 것 같다고 생각하기도 했지만, 내가 할 수 있는 일은 무엇이고, 그 변화를 감당할 수 있을지 의문이었다. 하지만 한편으로는 그 두려움 너머 새로운 가능성이 있다는 사실이 기대되기도 했다. 전혀 상상해 본 적 없는 일을 하는 내 모습, 생각보다 잘 해내는 내 모습을 보면 신기할 것 같았다.

우리는 종종 익숙함에서 벗어나는 것을 두려워한다. 내 주변에도 그런 이들이 있었다. 세상이 변하고, 시대가 변해서 더는 수요가 없어졌는데도 평생 해온 일이라는 이유로 그 일을 놓지 못하는 사람. 계속해서 적자를 보고 있음에도 새로운 일에 도전하는 것이 두려워 멈추지 못하는 사람. 그들을 보면 안타까우면서도 한편으로는 충분히 이해가 갔다.

인생은 선택의 연속이다. 물론 모든 선택이 항상 좋은 결과만을 가져오는 것은 아니다. 신중하게 결정한 변화가 생각보다 좋지 않아서 무너지고 싶은 순간이 올 수도 있다. 예상치 못한 어려움에 부딪혀 한참을 헤어 나오지 못할 수도 있다. 그러나 지나간 나를 버리고 새로운 나로 살아간다는 건 그 자체로 이미 한 단계 성장한 것이다.

먼 훗날, 익숙함을 벗어나 변화를 맞이하게 될 때가 오면 나 자신에게 이렇게 말해주고 싶다. 변화를 두려워하기보다는 새로운 가능성에 초점을 맞추라고. 그 선택이 옳은지, 그른지는 누구도 알 수 없겠지만, 그 선택의 순간이 나에게 새로운 성장의 기회를 주는 거라고. 그러니 주저하지 말고 멋지게 도약하자고.

마음에는
맞춤법이 없다

마음에는 맞춤법이 없다. 사랑을 쓰는 방법도, 모양도 사람마다 조금씩 다르다. 세상에는 나와는 다른 방식으로 마음을 전하는 사람이 가득하다. 하루에도 몇 번씩 사랑한다는 말을 내뱉는 사람과, 말없이 손을 꼭 잡아주는 것으로 마음을 대신하는 사람. 그 둘은 겉보기에는 다를지 몰라도, 마음만은 같은 온도일지 모른다.

나는 이제야 깨닫는다. 이 세상에 틀린 마음은 없고, 조금 다른 모양의 마음만 존재한다는 것을. 나를 몰아세우는 것 같은 엄마의 잔소리도 실은 사랑이고, 어두운 세상 속 나를 환하게 비춰주는 애인의 웃음도 사랑이고, 나를 위해 늦은 밤에 시간을 내어주는 친구의 마음도 사랑이라는 것.

우리는 종종 나의 기준으로 타인의 마음을 재단하지만, 모든 마음에 딱 맞는 옷은 없다. 각자의 방식대로, 저마다의 모습으로 사랑을 표현하고 이해하는 것. 그것이야말로 사람을 대할 때 반드시 기억해야 할 것이 아닐까. 맞춤법에 얽매이지 않는 것. 나와 다른 모양의 마음을 존중하고, 그 안에 담긴 진심을 보는 것. 그것이 우리가 서로를 이해하는 방법이라고 믿는다. 내가 가진 마음의 틀에 다른 사람의 마음을 끼워 넣지 말자. 이 세상에 틀린 마음은 없고, 조금 다른 마음만 존재할 뿐이니까.

평행 세계의
우리

아주 가끔, 과거를 돌아보며 이런 생각을 할 때가 있다. 그때 그 사람을 (연인, 친구, 동료, 은사..) 아주 조금만 더 늦게 만났더라면, 혹은 더 빨리 만났더라면 우리의 이야기는 어떻게 달라졌을까? 우리가 맞닿은 시간이 아주 조금만 앞당겨지거나, 늦춰졌어도 여전히 지금과 같은 사이일까?

내 곁에는 지금 8년째 함께하고 있는 연인이 있다. 20대 초반에 만나 30살이 될 때까지 함께한 인연. 먼 미래까지도 함께하고 싶은 사람. 여전히 즐겁고, 애틋하며, 서로에게 최선을 다하고 있지만, 아주 가끔은 이런 생각을 한다. '이 사람을 조금만 더 늦게 만났다면, 우리가 사랑을 조금만 더 늦게 시작했다면 훨씬 좋았을 수도 있지 않았을까?'

그냥 서로 조금 더 여유 있는 상황에서, 조금 더 넉넉한 상태에서, 사회적으로도 어느 정도 자리가 잡힌 상태에서, 조금 더 성숙해진 상태에서 만났더라면 조금은 다른 형태의 사랑이 되지는 않았을까 싶은 거다. 살아가면서 만나게 되는 사람 또한 그렇다. 내 삶에서 큰 도움을 준 사람, 내 인생에서 큰 아픔을 준 사람. 그들을 다른 시기에 마주쳤더라면 이야기가 다르게 쓰이지 않았을까 생각한다.

물론 나는 '이야기는 다르게 쓰인다.'라고 생각하는 입장이다. 1년만 지나도 내 삶의 많은 부분이 뒤바뀌는데 만나는 시기가 앞당겨지고, 늦춰지는 건 분명 그 관계에 큰 영향을 줄 테니까. 그건 엄청난 변화일 수밖에 없으니까.

하지만 그럼에도 나는 지금의 이야기가 좋다. 과거로 돌아가서 만나는 시기를 앞당기거나, 늦출 기회가 주어진다고 해도 바꾸지 않고 그대로 다가오는 인연을 겪어내고 싶다. 모든 건 때가 있다. 내 인생에 큰 도움을 주었던 사람을 더 빨리 만나면 좋았을 수도 있지만, 오히려 그때는 절박하지 않아서 도움이라고 생각하지 못했을 수도 있다. 사랑하는 사람을 조금 더 늦게 만났더라면, 조금 더 깊이 있게 사랑을 나눴을 수도 있겠지만 우리가 느꼈던 그 풋풋한 사랑은 영영 모른 채 살았을 수도 있다.

좋은 인연이든, 악연이든 그때 내 삶에 나타난 건 그럴만한 이유가 있어서라고 생각한다.

나는 이미 쓰인 이야기를 바꾸고 싶어 애쓰는 사람보다는, 앞으로 써 내려갈 이야기를 어떻게 쓸지 고민하는 사람이 되고 싶다. 그때 우리가 만날 수 있었음에 감사하고, 스쳐 지나가지 않고 멈춰 섰음에 기뻐하는 마음. 그 마음으로 살아가고 싶다.

평행 세계의 우리가 어떻든 그건 중요하지 않다. 더 행복한 우리가 있든, 더 불행한 우리가 있든. 내가 살고 있는 이 세계에서의 관계를 소중히 여기는 사람이 되는 것. 그게 내 꿈이고, 내 옆에 있는 사람들을 위한 길이라고 생각한다.

잘살고
있다는 증거

살다 보면 내 곁을 스쳐 가는 것들에 환호하고, 감탄하며, 슬퍼할 줄 아는 것만으로도 잘 살아가고 있다고 느낄 때가 있다. 정말로 삶이 무너지는 순간은 이런 것들에서 감흥을 잃어버릴 때다. 배부른데도 계속 먹게 되는 맛있는 음식, 우연히 떠난 여행지에서 만난 근사한 풍경. 그 모든 것이 아무렇지 않게 느껴지는 순간, 인간은 조금씩 망가진다. 그러니 웃고, 슬퍼하고, 좌절하며 살아가는 삶이라면 그것만으로도 충분히 잘살고 있다는 증거다.

신중한
만남

어떤 사람을 만났을 때는 삶을 포기하고 싶었고, 또 어떤 사람을 만났을 때는 어떻게든 삶을 이어가고 싶었다. 살아가면서 보고, 듣고 경험하는 것들도 중요했지만 그보다 훨씬 더 중요하다고 느낀 건 바로 어떤 사람을 만나는지였다. 사람이 주는 영향은 생각보다 더 크고, 내 삶을 뒤바꿀 정도였으니. 자연스레 아무나 만나지 않고, 또 받아들이지 않게 됐다. 관계에 신중해진 것이다.

내 곁에 있는
좋은 사람들

살다 보면 곁에 좋은 사람이 있다는 것이 정말 큰 자산이라는 사실을 깨닫게 된다. 기댈 곳 없고 이해하기 어려운 세상 속에서, 마음이 맞는 한 사람이 있다는 것. 따로 설명하지 않아도 나를 잘 알고 있고, 어떤 순간에도 나를 포기하지 않을 거라는 믿음을 보여주는 사람이 있다는 것. 비록 별로 가진 것도 없고, 대단한 인생을 살아가고 있는 것도 아니지만, 그런 사람이 곁에 있으면 삶이 훨씬 즐거워지고, 마음의 공허함도 느껴지지 않는다.

결국 중요한 건 사람이다. 아무리 근사한 풍경이 있어도 함께 바라볼 사람이 없다면, 아무리 맛있는 음식을 앞에 두고 있어도 같이 먹을 사람이 없다면 너무나 아쉽지 않을까. 혼자서도 충분히 잘 살아갈 수 있다. 하지만 곁에 있는 사람들 덕분에 이 삶을 버텨올 수 있었던 나는, 앞으로도 그들과 상호작용을 하며 살아가고 싶다. 사람이 주는 안정과 행복은 그 어떤 것으로도 대신할 수 없으니까. 나를 믿어주는 사람들과 내가 믿는 사람들 사이에서 따뜻하게 저물어가고 싶다.

사람은
입체적이다

사람은 입체적이다. 살아온 세월, 성격, 가치관은 절대로 단면만 보고는 온전히 알 수 없다. 그런데도 우리는 사람의 한 가지 면만을 보고 쉽게 모든 것을 판단하려 한다. 마치 전부를 아는 것처럼 굴기도 하고, 때로는 보고 싶은 면만 보기도 한다. 나의 기대에 맞는 모습만을 선택적으로 받아들이는 거다.

하지만 그렇게 해서는 그 사람의 진짜 모습을 절대 알 수 없다. 내 마음속에 만들어 놓은 이미지와 실제 그 사람의 모습 사이에서 생기는 틈은 점점 더 커질 뿐이다.

우리는 모두 수많은 결이 얽혀 만들어진 입체적인 존재라는 걸 잊지 말아야 한다. 내가 모르는 그 사람의 모습은 너무 많고, 내가 아는 그 사람의 모습은 극히 일부에 불과할 테니까. 이제는 겉모습이나, 드러난 모습만을 보고 누군가를 이해한다고 착각하지 않으려 한다. 천천히 그 사람의 결을 이해하면서, 몰랐던 모습을 마주하더라도 물러나지 않는 자세를 갖추려고 한다.

다정한
사람이 좋다

다정한 사람이 좋다. 꾸며낸 마음이 아니라 오랜 시간 알고 지내면서 자연스럽게 흘러나오는 다정함. 내가 어떨 때 슬퍼하는지, 어떤 약점이 있는지 잘 알고 있으면서도 그걸 약점 잡거나 건드리는 것이 아니라 최대한 피해 가려 노력하는 사람. 나의 행복을 진심으로 빌어주고 내가 웃을 때 따라서 환해지는 사람. 세상을 살아가면서 때로는 마음속에 삭막함만 남을 때도 있지만, 그런 다정함을 마주하는 순간 나를 둘러싼 공기가 따뜻해지는 기분을 느끼곤 하니까.

다정함에 기대고 싶고, 다정한 사람에게 이끌리게 되는 것은 어쩔 수가 없다. 꼭 행복 때문이 아니라 그들은 나를 존중해 주고 나의 공허한 부분을 채워주는 존재니까. 다정한 사람 사이에서 남은 삶을 보내고 싶다. 이 세상에 나를 아프게 하고 짓밟는 사람이 있을지라도 다정함 속에 녹아들 게 되면 어느새 마음은 풀어지고 괜찮아질 테니까.

삶의 폭풍을
이겨낸 사람

삶의 폭풍을 함께 이겨낸 사람은 오래도록 마음에 기억된다. 단순히 한 시절을 함께 겪었기 때문이 아니라 서로 의지했던 날들이 선명해서다. 그 시절 함께 있지 않았다면 절대로 이겨내지 못했음을 서로 잘 알고 있고 뼈저리게 느끼기 때문이다. 그렇게 같은 시련, 같은 길을 경험한 이들은 자연스럽게 깊은 인연이 된다. 끝내 주는 행복을 함께 느낀 사람보다 미치도록 힘겨웠던 시간을 같이 이겨낸 사람에게 우린 더 친밀감을 느끼게 되는 것이다.

정말 아름답지 않은가. 한 사람이 주는 힘 덕분에 괴로운 시간을 버텨낼 수 있다는 게. 그렇게 견뎌낸 둘이 평생의 친구가 된다는 게. 앞으로 또 어떤 어려움이 찾아올지, 그리고 그 옆에 또 누가 있을지 알 수는 없겠지만 다가올 폭풍을 함께 이겨낼 사람에게 미리 고맙다고 말해주고 싶다. 덕분에 힘이 됐다고.

내 삶을 지켜준
사람

그런 사람이 있다. 내가 시련을 겪고 있을 때 나를 그곳에서 벗어나게 도와준 사람. 내가 인생 최악의 시기를 건너가고 있을 때, 나조차도 나를 포기하고 살아갈 때 나를 데리고 빛이 비치는 곳으로 데려가 준 사람. 그동안 만났던 사람 중에 좋은 사람들도 많았지만, 그런 사람은 절대로 잊지 못한다. 내 인생에 전환점이 되어준 사람. 그 사람을 알기 전과 알고 난 후의 삶은 정반대라고 해도 이상하지 않을 정도였으니까.

살다 보면 한 번쯤 반드시 이런 은인이 내 삶에 찾아오는 것 같다. 무색이었던 내 삶에 여러 색을 입혀주고, 의미 없던 내 삶에 의미를 부여해 주고, 묵묵히 곁에서 기둥이 되어주는 사람. 친구일 수도, 가족일 수도, 연인일 수도 있는 그들이 없었으면 나는 내 삶을 지켜내지 못했을지도 모르겠다.

영원을
약속하게 될 때

어떤 사람을 만났을 때 영원을 약속하고 싶었냐면, 나를 인간적으로 존중해주는 사람임을 확신했을 때다. 나를 향한 말이 한 번도 거친 적이 없었던, 아무리 마음이 상해도 선은 지킬 줄 알고 부드럽게 마음을 표현할 줄 아는 사람. 한 사람과 오래 보기 위해서는 행복한 순간보다는 불행한 때를 잘 흘려보내야 했으니.

마음의
결

마음의 결이 비슷한 사람이 좋아진다. 생각하는 것도, 살아가는 방식도 크게 다르지 않은 사람. 무엇보다도 큰 마찰 없이, 함께 있을 때 마음이 풀어지듯 편안해지는 사람. 예전에는 맞지 않는 사람까지도 끌어안아 곁에 두는 것을 선호했다.

언젠가 내게 도움을 줄 수도 있고, 필요한 인연이 되지 않을까 생각했으니까. 하지만 이제는 지쳤다. 결이 다른 사람을 곁에 두는 일. 맞지 않는 것을 알면서도 품기 위해 내 마음을 닳게 하는 일. 살아가는 데 필요한 관계는 정말 소수의 사람이라는 걸 깨달은 거다.

내 남은 삶은 결이 맞는 사람들과 보내고 싶다. 서로를 이해할 수 있고, 선을 넘지도 않으며, 같은 이유로 행복을 느낄 줄 아는 이들과 제대로 흘러가는 것만으로도 잘 살았다고 생각하게 될 것 같다. 같은 결로 늙어가는 사람이 있다는 건 행복이다.

행복과
슬픔의 기억

옷깃만 스쳐도 인연이 된다지만, 수많은 사람과 부딪히며 살아가는 현실에서는 좋은 사람인지, 믿어도 되는 사람인지 알기 어려울 때가 있다. 그럴 때가 오면 '행복과 슬픔의 기억'을 떠올려보는 게 하나의 방법이 된다. 최근에 내가 행복했던 순간에 누구와 함께 있었는지, 또 가장 속상했던 순간에 내게 힘을 주었던 사람은 누구였는지.

가만히 보다 보면 그 모든 순간에 있어 주었던 사람이 보일 텐데, 바로 그 사람이 절대 놓쳐서는 안 될 소중한 사람일 가능성이 크다. 내 옆에 있는 사람이 좋은 사람인지, 괜찮은 사람인지 헷갈린다면 기억을 더듬어보자. 좋은 사람은 기억 속에 반드시 존재할 테고, 기억은 절대로 거짓말하지 않을 테니까.

뜨거운
순간

시간은 무섭게 흐른다. 붙잡을 수도 없게 곁에서 달아난다. 지난 날들을 뒤돌아보면서 문득 이런 의문이 들었다.

'지금껏 살아오면서 뜨거웠던 순간을 얼마나 겪었지?'

당장 죽어도 여한 없을 만한 그런 순간. 너무나 황홀해서 태어나기를 잘했다 싶은 순간. 나의 삶에도 그런 때가 있었던가. 그런 감정을 느낀 적이 있었나? 눈은 뜨고 있지만 어떤 걸 보고 살아가는지 모르겠는 오늘이 쌓여간다.

가슴 뜨거운 순간을 살고 싶다. 이 삶을 두고 떠날 때 아쉬움에 뒤돌아보게 하는 그런 순간. 주마등 속에서 선명히 빛나는 기억. 내 남은 삶은 그렇게 채울 것이다.

멍하니 흘려보낸 시간에 짓눌려 후회하는 일 없도록. 내가 내 삶의 주인이 돼서 의미 있는 순간을 만들어 갈 거다.

한 번 뿐인 인생이 아니던가. 불안정하고 완전하지 않더라도 내 마음이 움직이는 곳으로 가야겠다. 생각 없이 살아온 날들이 너무나도 많으니까. 이제는 잘 살고 싶다.

가재는
게 편

수많은 인연 중에서 마음이 가는 사람은 비슷한 걱정을 끌어안고 살아가는 사람이다. '가재는 게 편'이라는 말이 있다. 살아가면서 궁지에 몰렸을 때 기꺼이 내 편이 되어주는 사람은 결국 나와 비슷한 사람이다. 사는 곳도, 생김새도 자세히 보면 다르지만, 나의 우울함에 집게를 들고 싸워주는 그들이 있기에 하루를 또 버텨낸다.

예전엔 비슷함보다는 새로움을 추구했던 때도 있었다. '굳이 나와 같은 사람을 곁에 둘 필요 있을까?' 나 같은 건 나 혼자면 충분하다 싶었지만 나와 다른 이들은 나의 괴로움을 이해하지 못했다.

이제는 그저 비슷한 사람이 좋다. 비슷한 걱정을 하고, 비슷한 행복을 느끼고, 비슷하게 살아가는 이들. 각자의 사정을 애써 설명하지 않아도 되고 나를 풀어내지 않아도 되는. 비슷한 집게발 들고 비슷한 일에 웃고, 비슷한 일에 행복해하는 '가재'와 '게'가 되고 싶다.

진정한
어른

진정한 어른은 틀린 것을 인정할 수 있는 사람이라고 생각한다. 줄곧 맞다고 생각해 온 것들이 사실 틀린 것이었을 때, 자신의 신념과 자존심을 내려놓고 받아들일 줄 아는 사람. 더 나아가서 틀린 것을 바로잡기 위해 배우려 하는 사람. 진정한 어른은 자신의 부족함을 인정하는 데 두려움이 없다.

삶은 오답 노트다. 틀린 것을 고쳐가면서 더 나은 내가 되어가는 것. 오답을 들고 설득하거나, 주장하는 것이 아니라 새로운 답을 알아내면 그만이다. 대부분의 사람은 자신이 틀렸음을 인정하는 것을 어려워한다. 각자의 자존심과 신념이 얽혀있기 때문에 그 사실을 받아들이는 순간, 자신을 부정하는 것처럼 느끼게 된다.

하지만 진정한 어른은 자신의 틀림을 직면하는 일이, 자신을 무너뜨리는 것이 아님을 안다. 나는 어떤 어른일까. 틀린 것에 고개를 끄덕일 줄 아는 어른이 되고 싶다.

나를 지탱해 준
인연들

좋은 소식이 있으면 생각나는 사람이 있고, 슬픈 일이 있으면 나 대신 울어줄 사람이 있는 것. 나 하나 잘된 일인데도 본인이 잘 된 것처럼 축하해주는 사람이 있고, 억울한 일을 겪었을 때는 나보다 더 열 내주는 인연이 있는 것.

사는 게 힘들 때 내 곁에 이들이 존재한다는 사실이 얼마나 깊은 위로가 되는지 모른다. 혼자가 아니라는 안도감, 같은 시련을 나누며 느끼는 동질감. 수없이 넘어지고 깨진 하루라고 해도 다시 나아갈 힘이 되어주는 인연이 있기에 무너지지 않을 수 있다.

이 세상에서 나를 가만히 내버려두지 않고 혼자 감당하지 않도록 옆에 있어 주려는 사람이 있다면 그들은 나를 위해 기꺼이 웃어주고, 울어줄 소중한 인연이다. 오래오래 간직하고, 오래오래 갚아야지. 그들은 내가 쓰러져갈 때 몇 번이고 내 삶을 지탱해 주었으니 나 또한 그들 옆에서 대신 싸워주고, 같이 웃어줘야지. 나는 누군가가 없었다면 지금까지 절대로 혼자서 올 수 없었을 테니까.

낭만을 아는
사람

낭만을 아는 사람이 좋다. 기념일이면 꽃을 잊지 않고, 갑자기 내리는 비에 옷이 조금 젖어도 가방으로 대충 가리며 달릴 줄 아는 사람. 지나치게 평범한 순간에도 행복을 찾아내 느낄 줄 아는 사람. 그런 사람과 함께라면 평범한 일상도 영화가 되니까.

잘 살고 있는 건가 싶을 때

1판 1쇄 발행 2025년 1월 15일
1판 2쇄 발행 2025년 3월 10일
1판 3쇄 발행 2025년 10월 13일

지은이 조성용 흔글

발행인 조성용 **발행처** 북갈피 Bookalpi
등록번호 제2024-000086호 **등록일자** 2024년 11월 13일
홈페이지 www.instagram.com/bookalpi
이메일 bookalpi@gmail.com

ISBN 979-11-990077-0-3 (03810)

· 값은 표지에 있습니다.
· 파본은 구입하신 서점에서 바꿔드립니다.
· 이 책은 국제저작권법에 의해 보호받으므로 어떠한 형태로든 전재, 복제, 표절할 수 없습니다.